LA RÉVOLTE DU PRONÉTARIAT

DU MÊME AUTEUR

Une vie en plus. La longévité, pour quoi faire ?, avec François de Closets, Jean-Louis Servan-Schreiber et Dominique Simonnet, Seuil, 2005.

La Plus Belle Histoire du monde. Les secrets de nos origines, avec Hubert Reeves, Yves Coppens et Dominique Simonnet, Seuil, 1996.

L'Homme symbiotique. Regards sur le troisième millénaire, Seuil, 1995.

Les Rendez-vous du futur, Fayard/Éditions n° 1, 1991.

L'Avenir en direct, Fayard, 1989.

L'Aventure du vivant, Seuil, 1988.

Le Cerveau planétaire, Olivier Orban, 1986.

Branchez-vous, avec Stella de Rosnay, Olivier Orban, 1984 (Grand Prix de la littérature micro-informatique grand public).

Les Chemins de la vie, Seuil, 1983.

La Malbouffe. Comment se nourrir pour mieux vivre, avec Stella de Rosnay, Olivier Orban, 1979.

Le Macroscope. Vers une vision globale, Seuil, 1975 (Prix de l'Académie des sciences morales et politiques).

Les Origines de la vie. De l'atome à la cellule, Seuil, 1966.

Joël de Rosnay
Avec la collaboration de Carlo Revelli

La révolte du pronétariat

Des mass média aux média des masses

Fayard

À mes sept pronétaires du futur :
Louis, Charlotte, Sophia, Max,
Nicolas, Alexandra et Cyril.

Introduction

Les citoyens du monde sont en train d'inventer une nouvelle démocratie. Non pas une « e-démocratie », caractérisée par le vote à distance via Internet, mais une vraie démocratie de la communication. Cette nouvelle démocratie, qui s'appuie sur les « média des masses », émerge spontanément, dynamisée par les dernières technologies de l'information et de la communication auxquelles sont associés de nouveaux modèles économiques. Ni les média traditionnels, ni les hommes politiques n'en comprennent véritablement les enjeux. Les média des masses, seuls véritables média démocratiques, vont radicalement modifier la relation entre le politique et le citoyen, et, par voie de conséquence, avoir des impacts considérables dans les champs culturel, social et politique. Les internautes commencent seulement à réaliser à quel point le Net du futur va leur permettre d'exercer leur pouvoir, si tant est qu'ils parviennent à se montrer solidaires et organisés.

Le modèle industriel traditionnel a placé le pouvoir entre les mains d'élites ou de grandes familles propriétaires du capital financier et de production. Ces classes de capitalistes riches et puissantes ont par la suite cherché à transposer ce modèle à la société de l'information. Or les règles du jeu ont changé. L'accumulation du «capital informationnel» – représenté notamment par les savoirs, les connaissances, les contenus, les informations stratégiques accumulés dans des bases de données, des bibliothèques, des archives – se fait aujourd'hui de manière exponentielle. La création collaborative ou la distribution d'informations de personne à personne, contribuant à l'accroissement de cette nouvelle forme de capital, confèrent donc de nouvelles prérogatives aux utilisateurs, jadis relégués au rang de simples «consommateurs». De nouveaux outils «professionnels» leur permettent de produire des contenus numériques à haute valeur ajoutée dans les domaines de l'image, de la vidéo, du son, du texte, jusque-là traditionnellement réservés aux seuls producteurs de masse, détenteurs des «mass média».

Dans la société de l'énergie, essentiellement fondée sur la production, la distribution et la consommation de biens matériels – grâce principalement à l'exploitation des énergies fossiles non renouvelables ou nucléaires –, les capitalistes détiennent les moyens de production et de distribution. Ils peuvent investir en capital (financier, matériel, humain) et contrôler l'usage et les bénéfices de leurs investissements. Ils réalisent des «économies d'échelle» en créant des usines et des réseaux de distribution pour produire à des coûts toujours plus bas et vendre au plus grand nombre, en dégageant des marges et des profits assurant la croissance économique et la rémunération des actionnaires. Le prolétariat est, selon Karl Marx, la force de travail utilisée par les propriétaires du capital de production. À l'origine, dans les sociétés antiques méditerranéennes, le terme désignait les travailleurs qui disposaient de leur lignée pour toute richesse. En effet, en latin, *proles* signifie «progéniture», et *proletarius* désigne le citoyen pauvre. Le prolétaire, outre qu'il était exempté d'impôt, avait comme seule marchandise à proposer sa force de travail et son énergie physique.

Dans la société de l'information, l'économie d'échelle ne s'applique plus selon les mêmes normes. La reproduction de contenus numériques se fait à un coût marginal et la diffusion peut être mondiale et instantanée. La création collaborative, ou intercréative, fait appel à des réseaux d'intelligence collective et non plus à des organisations humaines pyramidales. On voit donc apparaître une nouvelle forme de lutte des classes entre ceux qui détiennent les moyens de production et de diffusion des informations et ceux qui, jusqu'alors considérés comme spectateurs, lecteurs ou usagers passifs, prennent une part croissante aux processus planétaires de création et de distribution d'informations.

J'appelle «infocapitalistes» les détenteurs des moyens de création, de production et de diffusion de contenus informationnels dits «propriétaires» (sous copyrights, droits de licence...), généralement sous forme numérique. Ils forcent les utilisateurs et acheteurs à passer par les vecteurs de diffusion ou de distribution qu'ils contrôlent en organisant intentionnellement la rareté autour de ces vecteurs. En ce sens, on peut également les considérer comme des « vectorialistes ». Ce sont les grandes chaînes de télévision, les grands éditeurs, les majors de la musique… Ils font partie de ce qu'on appelle généralement les mass média.

J'appelle « pronétaires » ou « pronétariat » (du grec *pro*, devant, avant, mais aussi favorable à, et de l'anglais *net*, qui signifie réseau et est aussi l'appellation familière en français d'Internet – le « Net ») une nouvelle classe d'usagers des réseaux numériques capables de produire, diffuser, vendre des contenus numériques non propriétaires, en s'appuyant sur les principes de la « nouvelle nouvelle économie ». C'est-à-dire capables de créer des flux importants de visiteurs sur des sites, de permettre des accès gratuits, de faire payer à bas prix des services très personnalisés, de jouer sur les effets d'amplification… « Professionnels amateurs » (ou « pro-ams »), ils utilisent pour cela des outils analogues à ceux des professionnels et facilement accessibles sur Internet. Il s'agit d'usagers, d'internautes, de « blogueurs », de citoyens comme les autres, mais qui entrent de plus en plus en compétition avec les infocapitalistes traditionnels, auxquels ils ne font plus confiance, pour s'informer, écouter de la musique, voir des vidéos, lire des livres ou communiquer par téléphone. Cela en raison des coûts trop élevés des produits et services proposés et de leur accès difficile pour les moins favorisés.

Enfin, j'appelle « média des masses » les nouveaux modes, massifs et distribués, d'expression pronétaire. Les média des masses utilisent des techniques numériques de création collaborative, de connexion et d'échange qui supplantent progressivement certains des vecteurs traditionnels des mass média (télévision, radio, édition, télécommunications, publicité…).

La production massive et collaborative d'informations numériques par le pronétariat représente une révolution aussi importante que celle du début de l'ère industrielle, symbolisée par la machine à vapeur puis par la mécanisation et l'automatisation intensives. Pour permettre la production de masse de produits standardisés, il fallait réaliser l'économie d'échelle dans des usines centralisées, grandes consommatrices d'énergie, de matériaux et de capital. Aujourd'hui, avec les nouveaux outils d'*empowerment* qui confèrent du pouvoir aux pronétaires et qui s'appuient sur le numérique (logiciels et outils de production sur PC et Web), la révolution est encore plus marquée et plus rapide. Il devient facile de rassembler les moyens de production et de distribution à un coût très bas. Évidemment, la production du pronétariat a ses limites. Il ne vient à l'esprit de personne de faire fonctionner par ces moyens une centrale nucléaire, de construire une voie de chemin de fer ou de bâtir un gratte-ciel. Mais déjà des visionnaires comme Neil Gershenfeld, du MIT, étudient les conditions de production domestique d'objets grâce à des machines personnalisables. C'est le concept des *fab labs*, des laboratoires de fabrication d'objets ou de bricolage intelligent à domicile, dont on reparlera. Un autre chercheur du MIT, Joseph Jacobson, propose de fabriquer chez soi ou au bureau des ordinateurs performants en téléchargeant les plans des circuits, lesquels seront produits par une imprimante spéciale fonctionnant avec une encre à semiconducteurs.

Quelles sont les raisons de l'émergence du pronétariat et du rassemblement de personnes et de talents aussi différents ? Certainement l'arrivée de nouvelles technologies typiques de la culture Internet venant à la rencontre de l'aspiration profonde d'une partie de la société à des formes d'organisation plus participatives. Un besoin de participation lié à des facteurs positifs (comme l'augmentation du niveau culturel global), mais aussi négatifs (comme la crise de la démocratie représentative). Des applications d'abord isolées et seulement utilisées par des « fanas » et des spécialistes vont ensuite « interagir » pour s'étendre à des secteurs incontournables. À la manière de petites gouttes de mercure sur une surface plane : elles roulent et s'interpénètrent jusqu'à ne plus former qu'une seule bille. C'est à ce phénomène planétaire que nous assistons aujourd'hui, à un rythme accéléré, et il nécessite une analyse ainsi qu'une prise de conscience de la part des responsables industriels, politiques et universitaires.

En effet, la nouvelle nouvelle économie née de la montée du pronétariat pose des problèmes culturels, politiques, sociologiques et économiques inédits. Les gouvernants doivent revoir leurs priorités en matière d'allocation des ressources pour le développement des réseaux. Les universitaires ont à réviser leur enseignement pour rendre perceptible et opérationnelle la nouvelle culture d'Internet, des média des masses et du temps réel. Les industriels, enfin, doivent remettre en question les techniques qu'ils utilisent pour toucher les consommateurs selon un mode pyramidal, car les pronétaires, par l'utilisation des blogs, vlogs, wikis, journaux citoyens, IM, téléphone mondial gratuit tel que Skype[1], etc., comme outils stratégiques de production et de distribution, créent un univers commercial parallèle à celui des firmes classiques. Mais la révolution pronétarienne est d'abord sociétale avant d'être économique. D'où les défis et les enjeux auxquels sont aujourd'hui confrontés entreprises et gouvernements. D'où l'importance aussi de l'information et de la formation permettant à chaque acteur de la vie économique et sociale de mieux comprendre ces évolutions pour construire son avenir.

Avertissement

Les différents liens Internet figurant en notes de bas de page sont présentés sous la forme www.pronetariat.com/1, /2, etc. Il suffit de taper ces adresses sur votre navigateur pour être automatiquement redirigé vers le site correspondant. Cette méthode facilite la frappe d'adresses parfois compliquées et permet d'accéder à des pages constamment à jour.

En revanche, à la fin du livre figure une liste de liens Internet sous leur forme traditionnelle, en complément de la bibliographie et « pour aller plus loin ».

1. Voir le glossaire en fin de volume pour la définition des mots nouveaux.

Chapitre 1

Pronétaires de tous les pays, unissez-vous !

La crise des média traditionnels favorise la montée du pronétariat

Une des principales raisons de la montée du pronétariat et de l'influence croissante des média des masses est la crise de confiance des lecteurs et des utilisateurs vis-à-vis des mass média traditionnels. Au cours des trente dernières années, la presse écrite a perdu de sa crédibilité, au point que certains se demandent aujourd'hui si les média écrits ne représentent pas un mode de communication dépassé. Il en est de même pour la télévision et parfois pour la radio. Le résultat le plus frappant de cette crise de confiance est la baisse alarmante de la diffusion des journaux, en particulier des quotidiens, même si d'autres phénomènes y concourent.

En effet, selon l'étude « The State of News Media 2004[1] », seulement 49 % des Américains jugent les média traditionnels « hautement professionnels », contre 72 % en 1985. Par ailleurs, le nombre de personnes qui estiment que les journalistes tentent de couvrir leurs erreurs passe de 13 à 67 % ! Dans la même période, seulement 59 % des personnes interrogées font confiance aux informations publiées dans les journaux, contre 80 % vingt ans plus tôt. En France, c'est surtout la télévision qui est critiquée. Selon une étude TNS Sofres de janvier 2005, 45 % des interviewés ne pensent pas que les choses se passent réellement comme elles sont montrées à la télé, contre 35 % en 1988.

Plus de 395 millions de personnes achètent un journal quotidiennement, contre 374 millions en 1999. Le lectorat moyen est estimé à plus d'un milliard de personnes par jour. Trois quarts des 100 quotidiens les plus vendus dans le monde sont désormais publiés en Asie[2]. La Chine a dépassé le Japon pour devenir le pays comptant le plus grand nombre de publications parmi les 100 plus vendues au monde. Les 100 plus fortes ventes vont du journal japonais *Yomiuri Shimbun*, avec ses 14 067 000 exemplaires par jour, à six journaux dont les ventes quotidiennes sont de 600 000 exemplaires en Chine, en Thaïlande et à Taïwan – deux dans chaque pays.

Les trois marchés les plus importants sont donc désormais la Chine, avec 93,5 millions de journaux

1. Étude menée par l'institut Project for Excellence in Journalism, affilié à l'université de Columbia.

2. www.pronetariat.com/1

vendus quotidiennement, l'Inde (78,8 millions) et le Japon (70,4 millions). Les États-Unis suivent avec 48,3 millions, devant l'Allemagne et ses 22,1 millions d'exemplaires. En 2004, les ventes ont augmenté en Chine, en Inde et au Japon, mais elles ont baissé aux États-Unis et en Europe. Au sein de l'Union européenne, au cours des huit dernières années, le nombre de quotidiens vendus a diminué de 7 millions d'exemplaires. Les pays dont les journaux ont subi une baisse de la diffusion comprise entre 3 et 5 % de 2000 à 2004 incluent l'Allemagne, le Danemark, la France, la Belgique, l'Irlande, les Pays-Bas et le Royaume-Uni.

Aux États-Unis, entre 2000 et 2004, plus de 2000 postes ont été supprimés dans la presse écrite, soit 4 % des emplois. En 2003, le quotidien américain *International Herald Tribune* a vu ses ventes baisser de 4,16 %. Au Royaume-Uni, le *Financial Times* a chuté de 6,6 %. Au Japon, dont les habitants sont les plus gros acheteurs de journaux, le recul a été de 2,2 %. À l'échelle mondiale, la diffusion payante de journaux chute, en moyenne, de 2 % par an.

Plusieurs facteurs permettent d'expliquer à la fois la diminution de la circulation des grands quotidiens et la crise des média.

Les effets de la concentration des supports médiatiques aux mains de quelques grands groupes industriels de la communication sont une première raison. En France, en particulier, on a assisté au cours des dernières années à des fusions, regroupements, achats de titres par des groupes industriels cherchant au mieux à se diversifier, au pire à contrôler les informations et à trouver des accords tacites avec le monde politique. Ainsi, le quotidien

Libération a cédé 37 % de son capital à Édouard de Rothschild. Le groupe Socpresse, qui édite quelque 70 titres, dont *Le Figaro*, *L'Express*, *L'Expansion* et des dizaines de journaux régionaux, a lui-même été acheté par Serge Dassault. Le groupe Hachette, contrôlé par Arnaud Lagardère, détient 47 magazines (dont *Elle*, *Parents*, *Première*) et des quotidiens comme *La Provence*, *Nice-Matin* ou *Corse-Presse*. D'après Ignacio Ramonet, du *Monde diplomatique*, « si cette chute de la diffusion venait à se poursuivre, la presse écrite indépendante risquerait peu à peu de tomber sous le contrôle d'un petit nombre d'industriels – Bouygues, Dassault, Lagardère, Pinault, Arnault, Bolloré, Bertelsmann... – qui multiplient les alliances entre eux et menacent le pluralisme [1] ».

Il en est de même aux États-Unis. On a pu assister au cours des vingt dernières années à des concentrations et à des regroupements importants dans les secteurs de la communication, impliquant maisons d'édition, quotidiens, magazines, grandes chaînes de télévision ou de radio et, évidemment, fabricants de produits dérivés résultant de la promotion ou de la publicité assurées par ces différents supports (à savoir films, vidéos, DVD, jeux...). Le paysage médiatique américain est désormais dominé par moins d'une douzaine de grandes entreprises, dont la plupart annoncent des revenus annuels supérieurs à 35 milliards de dollars, à côté d'une douzaine d'entreprises plus petites et moins intégrées.

1. Ignacio Ramonet, « Médias en crise », *Le Monde diplomatique*, janvier 2005.

Les pouvoirs du media system

Les groupes de communication internationaux sont capables aujourd'hui de générer des profits allant bien au-delà de ce qui a été obtenu depuis les débuts de l'histoire de la presse et des média. Ils y parviennent en intégrant le journalisme dans une « machine de marketing » pour d'autres produits, tels que les livres, les CD et DVD, les réseaux de télévision et les revenus assurés par des licences. Il en résulte la création de ce que McChesney et Nichols appellent un *media system* [1], qui repose sur le monde politique et le journalisme professionnel. Ce système fonctionne de manière fluide grâce à trois composantes : la concentration des média, la propriété des contenus et la confiance indiscutable dans les sources officielles. Son développement aux États-Unis, d'après les auteurs, est préjudiciable aux exigences de la démocratie et d'une société participative.

Le résultat, après un siècle de confrontations et de regroupements, est que le journalisme en est venu à se fier presque entièrement aux sources gouvernementales ou industrielles. Ainsi, trop souvent, les principaux articles « sensibles » sont rédigés à partir d'informations confidentielles distillées à des journalistes sélectionnés par les entreprises et les porte-parole gouvernementaux. Pour McChesney, le reportage est devenu de la sténographie !

---

1. Robert W. McChesney et John Nichols, *Our Media, Not Theirs. The Democratic Struggle Against Corporate Media*, Seven Stories Press, 2002.

Ces concentrations, impliquant des entreprises de la communication détenues par les infocapitalistes, conduisent le *media system* à générer d'importants profits en produits directs et en produits dérivés, tout en influençant considérablement l'opinion. Des liaisons parfois « incestueuses » se sont ainsi progressivement nouées entre les mass média et le monde politique. Avec pour conséquences non seulement une perte de crédibilité du monde journalistique aux yeux de ses lecteurs, mais aussi ce qu'Ignacio Ramonet appelle un « déficit démocratique », dans la mesure où ce lectorat ne participe plus en rien à la sélection et à la présentation des informations quotidiennes.

L'influence des grands groupes de communication, propriétaires des principaux média, souvent en connivence avec le pouvoir politique, conduit à un manque d'objectivité, parfois même à des mensonges, à des manipulations ou à passer sous silence des informations capitales, comme on l'a vu dans le cas des véritables raisons de la guerre en Irak ou de certains scandales politiques et financiers récents. L'entretien permanent de la peur de la rareté et la mise en scène de la terreur quotidienne (catastrophes naturelles, terrorisme, scandales, drogues, criminalité...) par les grands média contribuent à maintenir « dans le rang » des foules de plus en plus difficilement « contrôlables » par les pouvoirs en place.

Un des éléments du cercle vicieux résultant des relations entre secteur privé et secteur public réside également dans l'attribution des fréquences de radio et de télévision par des organismes publics spécialisés. En effet, si l'espace du spectre des fréquences était illimité – ce qui éliminerait le problème de leur rareté et réduirait donc le pouvoir de ceux qui les attribuent –, la situation serait radicalement différente, car les mass média se trouveraient en face d'une compétition accrue. Ainsi seraient considérablement réduits les revenus qu'ils tirent de la publicité, ce qui ferait chuter le cours de leurs actions.

C'est en partie pour cette raison que l'association tacite des majors de la communication et des organismes publics d'attribution des fréquences cherche par tous les moyens à créer et à maintenir la rareté afin de forcer les usagers à passer par leurs vecteurs de diffusion et de distribution. Cette situation existe également dans d'autres secteurs, de l'énergie à l'alimentation en passant par l'exercice du pouvoir politique lié à l'ambition personnelle de certains. Une telle attitude atteint son point culminant dans la « philosophie » des grandes chaînes de télévision, qui tendent de plus en plus à considérer que leur « vrai métier » est d'envoyer des audiences à des annonceurs plutôt que des connaissances à des audiences diversifiées – ce qui est, en principe, la nature de leur mission.

Les journaux eux-mêmes ont d'ailleurs souvent fait leur la désormais célèbre maxime de Patrick Le Lay, PDG de TF1 : « Le métier de TF1, c'est d'aider Coca-Cola à vendre son produit. Ce que nous vendons à Coca-Cola, c'est du temps de cerveau humain disponible. » En d'autres termes, les annonceurs priment sur les téléspectateurs, de plus en plus « captifs ». D'où les programmes de bas niveau, comme ces émissions basées sur des comptes à rebours présentant les gagnants à la fin du « show », régulièrement diffusées sur les grandes chaînes. Une forme de télévision qui connaît peut-être ses derniers moments.

D'autres éléments agissent pour décrédibiliser les grands média, et en particulier les quotidiens. Il convient de citer tout d'abord l'extraordinaire essor et le succès des quotidiens gratuits, comme *Metro* et *20 Minutes*. Aujourd'hui, les statistiques parlent d'elles-mêmes. En France, en termes d'audience, *20 Minutes* est en tête de toutes les diffusions et touche plus de 2 millions de lecteurs par jour en moyenne, devant *Le Parisien* (1,7 million) et *Metro* (1,6 million). Problème pour les journaux traditionnels, dont la majeure partie des revenus provient de la publicité : les annonceurs ne font plus la différence entre les lecteurs payants et les lecteurs gratuits. Pour eux, il s'agit de toucher le plus de monde possible, ce qui devient une réalité avec des circulations de plus de 2,5 millions de lecteurs.

Les blogs et autres sites interactifs entament le pouvoir des infocapitalistes

Une autre raison de la crise des mass média est évidemment le succès croissant d'Internet, et surtout la création d'information par les internautes eux-mêmes. Une création collaborative et une diffusion en P2P (*peer to peer*, en français « de particulier à particulier » ou « de pair à pair ») qui permettent de constituer et d'entretenir un réseau d'informations que l'on peut confronter les unes aux autres et, en ouvrant très largement les sources, dont on peut vérifier la fiabilité. Le phénomène des blogs, sites Web interactifs, sortes de journaux personnels en P2P, a contribué à inonder le Net d'informations de qualité très diverse mais souvent originales, permettant notamment une relecture de l'actualité. Pour Ignacio Ramonet, « cet engouement montre que beaucoup de lecteurs préfèrent la subjectivité et la partialité assumées des blogueurs à la fausse objectivité et à l'impartialité hypocrite d'une certaine presse[1] ».

Cyril Fievet, cofondateur et rédacteur en chef de pointblog.com, mais aussi journaliste sur InternetActu.net, reste optimiste quant à la fiabilité des blogs : « Le risque de dérives existe : manipulation, fausse information. Dans la masse publiée, il est de plus en plus difficile de voir d'où vient une information. Mais je suis assez confiant. Il se met en place un écosystème qui arrive à valider avec des outils de popularité et des liens croisés. [...] C'est une étape majeure : la perte du monopole des média et des journalistes sur l'information. Ils ne sont plus les seuls à rapporter ce qui se passe dans le monde. On a aujourd'hui des précurseurs d'un journalisme citoyen qui va se démultiplier[2]. »

Dan Gillmor, qui a une longue expérience de blogueur, estime qu'Internet peut sauver le journalisme aujourd'hui en perte de crédibilité[3]. Il prédit un rassemblement de journalistes, d'informateurs et de lecteurs transformant le journalisme en une sorte de conversation assistée par la technologie, au lieu

1. Ignacio Ramonet, « Médias en crise », art. cité.
2. Interview par Frédérique Roussel, *Libération*, 20 août 2005.
3. Dan Gillmor, *We the Media. Grassroots Journalism By the People, For the People*, O'Reilly, 2004.

du monologue descendant du haut vers le bas (*top down*) qui est trop souvent la norme aujourd'hui.

Un autre facteur déterminant du désenchantement pour la presse traditionnelle est l'augmentation du débit des réseaux d'Internet avec l'ADSL, qui s'accompagne d'un essor du multimédia. Grâce à ces réseaux, l'usager peut recevoir de la vidéo en qualité TV sur son PC et s'abonner ainsi à de multiples canaux de télévision. En France, déjà plus de 7 millions de foyers ont accès, à haut débit, à la presse en ligne. Il faut savoir que 80 % des journaux du monde, au Nord comme au Sud, possèdent désormais des éditions en ligne. Les expatriés peuvent lire en direct leur journal favori sur le Net depuis n'importe quel pays de la planète.

Le téléphone portable, quant à lui, est en train de créer une nouvelle forme de communication interactive pratiquement en temps réel : des services aujourd'hui proposés aux abonnés leur permettant de recevoir des flashes d'information, des nouvelles courtes en SMS, et même des petites séquences vidéo. En Inde, la société Times Internet, filiale multimédia du quotidien *Times of India*, diffuse chaque mois plus de 30 millions d'informations sous la forme de messages SMS. Au Japon et en Corée du Sud, un nombre croissant de personnes s'informent par l'intermédiaire de leur téléphone portable, sur lequel elles reçoivent des émissions de radio et même des chaînes de télévision en continu.

Cependant, à l'instar de toutes les utilisations de terminaux à faible bande passante perceptive, ces modèles de communication grand public apparaissent plutôt comme une forme d'extension des mass média conduisant à maintenir le récepteur dans une situation de réception à faible capacité cognitive. Il résulte de telles évolutions que la grande majorité des secteurs d'information, en dehors d'Internet, perdent de l'audience tant la concurrence entre média est devenue sévère. Les statistiques montrent qu'aujourd'hui une grande partie de la population, et surtout des jeunes, passe plus de temps devant son PC pour s'informer en texte ou en vidéo que devant la télévision ou à lire des journaux !

L'ensemble de ces pratiques, auxquelles s'ajoutent des outils numériques puissants conférant de nouveaux pouvoirs aux pronétaires, conduit à l'émergence irréversible des média des masses, confrontés désormais aux mass média traditionnels[1]. Il est impératif que les pronétaires qui se préoccupent du respect de la démocratie se rassemblent et organisent un mouvement de masse pour réformer le *media system*. Évidemment, ce dernier, né de la concentration des infocapitalistes, se sent menacé par la montée des média des masses. Il sera difficile de rééquilibrer l'important contrôle exercé par les grands groupes de communication. Plus il se matérialisera, plus la lutte sera rude. L'essentiel, comme le disent McChesney et Nichols, ainsi que Gillmor, est que le public, c'est-à-dire les pronétaires, prenne conscience progressivement qu'une autre voie est possible. Que des actions peuvent être entreprises pour changer le *media system*. D'où l'importance de l'influence croissante des blogs, des journaux citoyens participatifs et de

1. Voir à ce sujet l'excellente analyse de Jean-François Fogel et Bruno Patino sur la fin des mass média dans *Une presse sans Gutenberg*, Grasset, 2005.

toutes les initiatives de création collaborative et de diffusion en réseau des informations.

Pour paraphraser la célèbre formule de Karl Liebknecht : « Prolétaires de tous les pays, unissez-vous[1] ! », il conviendrait désormais de dire :

Pronétaires de tous les pays, unissez-vous !

1. Lettre à la conférence de Zimmerwald, 1915, reprise dans le Manifeste de l'Internationale communiste en 1919.

Chapitre 2

Des débuts de l'Internet à la prise de contrôle des pronétaires

De l'agora à Internet

La communication de masse n'est pas un phénomène nouveau : elle existe depuis l'Antiquité. Dans la Grèce antique, l'agora était la place publique où se réunissaient les tribuns et la foule pour débattre et faire du commerce. Plus proches de nous, les crieurs publics – l'envoyé du roi et son « Oyez ! Oyez ! » à l'époque médiévale, le garde-champêtre et le tambour du village au début du XXe siècle – étaient des « mini-mass média ». Les habitants se rendaient sur la place du village pour écouter le message du seigneur ou du notable local. Il s'agissait, là encore, d'une communication « synchrone » : se retrouver au même moment dans un même lieu est le premier critère de la communication de masse. Une ouverture à l'expression de chacun se retrouve dans le principe du « Hyde Park Corner », propre aux pays anglo-saxons : en montant sur une caisse, n'importe quel tribun peut haranguer les foules.

Aux XVe et XVIe siècles, avec l'essor de l'imprimerie, apparaît la « diffusion de masse ». C'est une véritable révolution. Pour la première fois, un document peut être imprimé et reproduit à des milliers, voire à des dizaines de milliers d'exemplaires ; la population peut ainsi en prendre connaissance sans être obligée de se rassembler dans un même lieu, au même moment. Le premier vrai mass média sera le journal. Sur l'agora, chacun pouvait lever la main et prendre la parole. À l'inverse, la diffusion de masse « de un vers beaucoup » ou « du haut vers le bas » (en anglais *one to many* ou *top down*) ne permet pas ce « retour d'information ». Il existe bien la possibilité d'un « courrier des lecteurs », mais l'impact reste anecdotique.

Après l'écrit, avec le journal, le magazine, le livre, apparaît le son, avec la radiodiffusion. Désormais, l'individu a la possibilité de parler et d'être entendu « en direct », mais à distance. Un peu plus tard, grâce aux enregistrements, il pourra même être écouté « en différé », c'est-à-dire en dehors du temps et de l'espace, ce qui représente un changement fondamental. Puis vient l'image. La télévision fait exploser cette notion de communication et de diffusion pyramidales, ou *top down*[1]. Des années 50 jusqu'à aujourd'hui, elle a fait émerger une sorte de « communauté mondiale » que nous appelons parfois

1. Les formules suivantes 1V1, 1VT, TVT, TV1 signifient respectivement « un vers un », « un vers tous », « tous vers tous » et « tous vers un » (en anglais 121, 12M, M2M, M21, soit respectivement *one to one*, *one to many*, *many to many* et *many to one*).

l'opinion publique. Les téléspectateurs peuvent partager une même émotion au même moment devant des images diffusées en direct sur les chaînes de télévision du monde entier (la mort de Kennedy, les attentats du 11 septembre, les Jeux olympiques, le tsunami en Asie du Sud-Est, les cataclysmes de La Nouvelle-Orléans…).

Internet : rupture, convergence et relations

Après l'imprimerie, la radio et la télévision, une quatrième grande révolution se produit au milieu des années 90 : c'est Internet. À la différence des précédents, ce média ne se contente pas de communiquer *vers* les gens. C'est un « double média » (TVT) qui permet de recevoir et d'émettre de l'information : les utilisateurs s'écrivent, créent de l'information, en donnent, en vendent ou en achètent (à condition, bien entendu, de se former ou d'être formé à ces nouveaux usages). L'émergence des média des masses serait impensable sans les formes d'accessibilité propres à Internet. On peut considérer Internet comme une technologie de rupture (en anglais *disruptive technology*). En effet, avec son invention, une mutation fondamentale s'est opérée, favorisant l'essor de nouveaux champs d'expansion à la fois dans le domaine de la connaissance et dans celui de la prise de pouvoir et des rapports de forces. Internet serait ainsi le résultat de convergences technologiques provenant à la fois de l'ordinateur, des routeurs, des réseaux de communication et d'aiguillage, des réseaux de communication à bas, moyen et haut débit et des terminaux qui se sont améliorés ces dernières années, sans oublier les logiciels de navigation qui permettent de « surfer » sur le Net. De ce fait, il n'est pas un nouveau média, comme on l'a souvent dit, pas plus qu'un support d'informations en tout genre ; il est un « écosystème informationnel ». Dans la mesure où les nœuds et les liens du réseau sont interdépendants, où ce qui bénéficie à l'ensemble du système bénéficie à chacun de ses nœuds et où le progrès de chacun des nœuds profite à l'ensemble, Internet possède bien les caractéristiques d'un écosystème. Un écosystème évolutif dans lequel les êtres vivants s'échangent en permanence non seulement de la monnaie, comme dans l'économie classique, mais surtout de l'information.

Internet n'est pas non plus, comme on l'a beaucoup entendu, une nouvelle technologie de l'information et de la communication (NTIC), terme inventé et proposé par les ingénieurs des réseaux. Ses utilisateurs voient en lui une technologie de la relation (TR) plus qu'une NTIC. Effectivement, ce qui fait la force d'Internet depuis son apparition, c'est son potentiel de création d'interrelations humaines, en particulier par le biais de la messagerie électronique qui, encore aujourd'hui, représente l'une des applications les plus utilisées du Net.

Les principaux usages d'Internet se sont développés grâce aux utilisateurs eux-mêmes. Les producteurs de logiciels ou les grandes entreprises ont certainement joué un rôle de facilitateurs en proposant des logiciels performants, mais ce sont bien les utilisateurs qui ont adapté les outils Internet à leurs besoins. C'est ainsi qu'on a vu émerger, du bas vers le haut (*bottom up*), les grandes applications d'Internet : la messagerie instantanée, la messagerie électronique, le bavardage en ligne ou « chat », les navigateurs, le peer to peer ou P2P... Pour Michel Bauwens, rédacteur en chef de la revue belge *Wave*, « le P2P est la dynamique humaine intersubjective à l'œuvre dans les réseaux "distribués". Avec ce système, les agents sont donc autonomes, libres d'agir et de contribuer (et donc aussi de se retirer, de ne pas participer), et ne sont pas soumis ni contrôlés par une autorité hiérarchique, ni motivés par des signaux économiques comme le "prix" ou le "salaire". [...] Les processus P2P sont donc généralement associés à une production de valeur. Le profit pour eux n'est pas une fin, mais une valeur d'usage. Leurs "produits" sont rarement vendus sur le marché mais sont la plupart du temps mis gratuitement à la disposition des utilisateurs et du public, sous des formes propriétaires nouvelles, de "bien public" ou "bien communautaire"[1] ».

Ni nouveau média, ni NTIC, cet écosystème informationnel qu'est devenu Internet possède certains « caractères uniques » qui permettent aujourd'hui l'émergence des média des masses. En premier lieu, Internet possède une propriété d'« intercommutabilité ». D'un simple clic sur un lien HTML, le visiteur d'un site Web peut passer sur un autre site. En introduisant un ou plusieurs liens, le créateur du site permet une « commutation » vers un autre espace.

1. Voir www.pronetariat.com/2

Jusqu'à présent, cette commutabilité n'était possible que grâce à deux grandes institutions officielles, parfois privées, parfois publiques, connues sous le nom générique de Postes et Télécommunications. Le rôle de l'expéditeur, qui envoie un pli par la poste, se limite à écrire l'adresse du destinataire sur une enveloppe timbrée et à glisser cette enveloppe dans une boîte aux lettres. C'est la poste qui se charge du reste, notamment du tri et de la distribution. Un processus analogue existe dans les télécommunications. L'usager du téléphone compose un numéro sur le clavier à touches de son téléphone fixe ou portable. Quelque part dans un standard téléphonique, les informations sont commutées sous forme électronique avant d'arriver à destination : le téléphone sonne, le destinataire décroche, puis vous parle. Cette fois encore, l'usager ne joue aucun rôle.

Avec Internet, tout change. En effet, l'usager « devient » en même temps la poste et les télécommunications. Il a la possibilité, via un lien HTML, de créer lui-même la commutation. C'est cette commutation qui permet la prolifération des blogs et leur interconnexion entre eux (grâce aux fils RSS dont nous parlerons au chapitre suivant). Les sites sont liés les uns aux autres et chaque utilisateur peut stocker dans son PC des centaines, voire des milliers de « favoris » (*bookmarks*) et d'adresses e-mail. Plus le nombre d'utilisateurs augmente, plus le nombre de favoris et d'adresses e-mail conservé par chacun d'entre eux est élevé, et plus la densité et donc la complexité du réseau s'accroît.

La densité des nœuds du réseau associée à la capacité de tisser des liens entre eux peut être comparée aux neurones d'un cerveau et à ses ganglions interneuronaux : chaque neurone (il y en a 15 à 20 milliards dans notre cerveau) est connecté à 10000 autres neurones, ce qui donne une idée de la densité de ce réseau ! Qu'on le veuille ou non, le Net est en train de se constituer à la manière d'un cerveau, avec ses synapses, ses interconnexions, ses dendrites...

Par ailleurs, Internet permet la fusion numérique de tous les supports. Le numérique, c'est la possibilité d'interconnexion généralisée des média – le texte, l'image, le son – et des modalités – l'interactivité, la communication interpersonnelle, la téléphonie sur IP (VOIP pour Voice Over IP), la télévision en P2P. Ces propriétés d'intercommutabilité et de fusion numérique constituent la base de l'écosystème informationnel.

L'impact d'Internet est comparable à celui de l'imprimerie, des journaux, de la télévision ou de l'automobile en leur temps. De manière analogue à cette dernière qui a favorisé l'« automobilité », permettant à chacun de se déplacer dans l'espace à son gré et au moment où il le souhaitait, Internet a donné naissance à l'« infomobilité ». L'infomobilité offre des possibilités nouvelles : les « infonautes » sont libres d'aller chercher de l'information dans différentes « sphères » du cyberespace, puis de la transmettre ou non à quelqu'un d'autre. La liberté que l'automobile a créée dans l'espace physique, Internet la rend possible dans le cyberespace. De cette façon, les pronétaires sont affranchis du monopole de l'information qui, jusqu'à présent, dictait sa loi en imposant ses chaînes de télévision et ses radios.

Trois pionniers à la base de la révolution Internet

L'épopée Internet ayant déjà été contée à de multiples reprises, l'objet n'est pas ici de le faire une fois de plus. On se limitera donc à raconter le parcours de ses créateurs. Internet est né d'« une personne plus trois »... Cette personne s'appelle Paul Baran et était ingénieur au Stanford Research Institute lorsque le département de la Défense américain lui commanda l'écriture d'un logiciel spécifique. Celui-ci devait permettre aux informations de circuler par « paquets » dans les réseaux informatiques, de telle sorte que les paquets arrivent à destination même si une partie importante du réseau était détruite à la suite d'une attaque nucléaire. Baran inventa une sorte de « train » d'informations contenant l'adresse en tête du convoi et des « wagons » se succédant dans un ordre bien déterminé. Ces derniers pouvaient se dissocier, c'est-à-dire suivre des chemins différents, puis se reconstituer une fois arrivés à destination.

Ce principe a ensuite été renforcé par Vinton Cerf, l'un des trois vrais promoteurs d'Internet avec Marc Andreessen et Tim Berners-Lee. Ce sont eux qui ont permis la convergence qui donna naissance à l'Internet du début des années 90. Vinton Cerf s'est inspiré des travaux de Paul Baran pour développer le protocole TCP/IP qui a officialisé et standardisé la procédure en vertu de laquelle les paquets arrivaient à destination et attendaient les suivants afin de reconstituer l'information complète et dans le bon ordre. Un petit nombre d'ordinateurs ont commencé à échanger ce standard aux États-Unis dès les années 70, notamment autour de 1974 et 1975. Quelques années plus tard, le protocole TCP/IP s'implanta en Amérique latine, puis traversa l'Atlantique et démarra une carrière internationale entre les États-Unis et l'Angleterre. Le département de la Défense se désintéressa du protocole et le céda à la National Science Foundation, qui le diffusa d'abord auprès des grandes universités, puis au monde entier.

C'est à ce moment qu'intervint Marc Andreessen, un jeune informaticien de 24 ans qui eut l'idée d'appliquer à Internet le système *hypercard* de la société Apple. Apple avait en effet imaginé un procédé selon lequel chaque carte était reliée à toutes les autres. Il suffisait de cliquer sur une carte pour passer de l'une à l'autre selon la nature et l'objet du lien sélectionné. Andreessen a marié l'hypercard et le protocole Internet dans Mosaic, un navigateur un peu fruste conçu pour permettre à l'utilisateur de cliquer sur des icônes et d'ouvrir ainsi sur des sites.

En 1974, à l'époque où j'étais au MIT et où je l'utilisais pour communiquer avec la Stanford University, le réseau ne s'appelait pas encore Internet mais ARPA. La communication passait par un protocole sous Unix et il fallait prévenir son correspondant avant de se connecter ! On l'informait qu'on allait l'appeler via le PC et il configurait son ordinateur afin de pouvoir recevoir le message ou le transfert de fichier. Avec Mosaic, le transfert de fichiers était simplifié grâce à l'intégration de FTP (File Transfer Protocol) dans le navigateur et l'utilisation des liens HTML (Hypertext Markup Language), contenant les adresses électroniques (dans une ligne ou une image) qui permettraient au PC de commuter vers d'autres sites.

Tim Berners-Lee, chercheur au CERN (Centre européen de recherche nucléaire) de Genève, eut l'idée de connecter tous les PC du centre entre eux pour permettre aux employés d'échanger leurs fichiers. Pour cela, il mit au point un « log », l'ancêtre du www (World Wide Web), permettant d'un simple clic (via le protocole HTML) d'échanger des informations et des fichiers avec le PC désiré. Fort de son invention, il proposa à des investisseurs de financer son projet pour l'étendre à tous les PC de la planète. On lui répondit qu'il n'existait aucun marché parce que les gens n'avaient rien à se dire ! Les entreprises possédaient leurs réseaux, leurs protocoles et leurs logiciels propriétaires... L'idée de Berners-Lee était déjà de créer un réseau universel, mais les industriels craignaient de s'engager dans un projet aussi ambitieux. Comprenant qu'il n'aboutirait pas, Berners-Lee céda gratuitement son logiciel. Ainsi, c'est la conjonction, la convergence à la fois technologique et humaine, la rencontre des inventions de Vinton Cerf, Marc Andreesen et Tim Berners-Lee, qui a conduit à faire émerger le Web, la « toile ». C'est cette aventure collective qui a permis l'extraordinaire et passionnant développement d'Internet.

Internet et modèles biologiques : une évolution darwinienne

Le Net s'est développé comme un système darwinien, de manière buissonnante, comme la vie elle-même, à l'image de l'arbre de l'évolution du vivant. Une petite contribution est saisie au vol, puis améliorée par quelqu'un. Comme l'a dit le biologiste et prix Nobel François Jacob : « L'évolution biologique, c'est du bricolage... » La convergence n'existe pas toute seule. Elle n'est possible que parce que certains esprits créatifs, intuitifs, ont la curiosité de tenter des expériences, de combiner des idées... C'est ainsi qu'Internet est né, s'est construit et continue de se développer, technologie convergente à la fois sur le plan humain et sur le plan technologique (intelligence humaine, logiciels, ordinateurs, réseaux...).

En biologie, les espèces vivantes constituent un réservoir d'ADN. Ce réservoir subit, en permanence, des agressions dues à l'environnement (rayons cosmiques, faim, compétitions interespèces, stress...), lesquelles provoquent des mutations dans l'ADN. Ce processus continu peut être comparé à un « générateur aléatoire de diversité », qui donnera naissance à des espèces différentes. Celles-ci s'adapteront ou non à l'environnement, c'est-à-dire seront ou non capables de mieux se nourrir, de courir plus vite, de développer des griffes plus longues que leurs semblables pour attaquer leurs ennemis. Si elles s'adaptent, voire évoluent suffisamment pour donner naissance à une population qui reconstitue ce réservoir d'ADN, se crée alors une « boucle de renforcement » de ceux qui ont réussi : c'est le célèbre *survival of the fittest* (la survie des mieux adaptés) de Darwin. En revanche, si elles ne parviennent pas à s'adapter, elles disparaissent, et leur ADN avec elles.

Le principe est analogue en informatique. Un pôle d'informaticiens crée de nombreux logiciels. Ceux-ci sont « agressés » par l'environnement : des utilisateurs les testent et décident de leur apporter ou non des modifications. S'ils le font, des mutations voient le jour. Les programmes qui ont ainsi « muté » sont alors envoyés à des « bêta-testeurs », qui les utilisent tels quels ou les modifient avant de les renvoyer sur le réseau. De même que pour les espèces animales, les programmes qui ont réussi à s'adapter à leur environnement survivent, les autres sont détruits. Comme dans tout système darwinien, ce processus chaotique fait émerger des propriétés nouvelles favorisant la naissance d'organismes (ou de logiciels) plus organisés et conduisant à une complexité croissante. Mais comment passe-t-on du chaos à des caractéristiques génératrices d'organisation ?

La théorie du chaos déterministe s'applique également à Internet. Il y a peu de planification d'ensemble dans l'évolution du réseau mondial, mais des myriades d'initiatives individuelles ou issues de petits groupes. La question ici est de savoir comment un tel système permet l'émergence des média des masses. L'Internet d'aujourd'hui repose sur des serveurs diffusant rapidement de l'information dans des réseaux à haut débit (ADSL, câble, satellite...), grâce à des routeurs qui aiguillent cette information vers des terminaux multimédia (portables ou fixes), lesquels acceptent les protocoles interactifs et, dans certains cas, sécurisés. La question maintenant est de comprendre comment fonctionnera le nouvel Internet et pourquoi il s'imposera comme *le* support des média des masses.

L'Internet de demain reposera sur trois piliers qui se renforceront mutuellement : le multimédia, le haut débit et le « sans fil », avec la « portabilité ».

Avec le multimédia, Internet n'est plus seulement du texte, de l'image et du son. C'est également du film, de la vidéo et de l'interactivité en ligne. Par exemple, une vidéo-conférence interactive est possible aujourd'hui en haut débit (environ 10 mégabits/seconde), et elle le sera bientôt en VTHD (vraiment très haut débit : 10 gigabits/seconde). À titre d'exemple, le VTHD permettra de télécharger une vidéo d'une durée de deux heures trente en seulement quelques minutes.

Ainsi, l'Internet de demain, avec ses blogs, e-mails vidéo, messageries, etc., favorisera une plus grande interaction entre les utilisateurs. Le téléchargement de vidéos interactives jouera un rôle de plus en plus important dans les processus d'éducation, d'acquisition de connaissances et, surtout, de comparaison des informations entre elles. Grâce à ces données, à la fois techniques, technologiques, sociologiques, économiques, industrielles et culturelles, les média des masses commencent à apparaître dans cet écosystème informationnel comme un cinquième pouvoir. À la différence des quatre autres, qui sont tous descendants, celui-ci laisse la place à de nouveaux enjeux et menace les détenteurs de pouvoirs « classiques ». C'est une nouvelle « force civique citoyenne », comme l'appelle Ignacio Ramonet[1].

L'émergence de ce cinquième pouvoir est notamment rendue possible par la transition entre sites Web et blogs. Ces derniers, dont le nom est une abréviation de « Web logs », sont une nouvelle

1. Ignacio Ramonet, « Le cinquième pouvoir », *Le Monde diplomatique*, octobre 2003.

génération de sites qui permettent de pallier le manque d'interactivité des sites Web classiques (mises à jour compliquées, recours nécessaire à des webmasters...). Il est intéressant de relater ici leur naissance, en s'inspirant du récit qui en a été fait par Cyril Fievet et Emily Turrettini[1].

L'explosion des blogs, wikis, P2P et podcasting, nouvelles armes des pronétaires

« On peut considérer que les premiers blogs sont apparus sur Internet dès 1993, mais ils ne s'appelaient pas encore ainsi. Il a fallu près de quatre ans pour que le genre se développe et ce ne sera qu'en décembre 1997 que Jorn Barge, éditeur de Robot Wisdom, leur donnera le nom de "weblog", qui sera ensuite adopté par tous. Mais l'action de bloguer existe réellement depuis l'origine du World Wide Web. Le premier weblog était tout simplement... le tout premier site Web de l'Histoire, accessible à l'adresse "http://info.cern.ch" et réalisé en 1990 par Tim Berners-Lee, l'inventeur du Web au CERN. Depuis ce site, grâce aux liens hypertexte, Tim Berners-Lee documentait son projet en pointant vers de nouveaux sites. En 1992, il crée une page intitulée "What's New", sous la forme d'une liste de nouveaux sites, mise à jour au fur et à mesure de leur apparition sur ce qui deviendra la "Toile mondiale".

Pour l'anecdote, on peut noter que le créateur de LiveJournal, l'un des premiers outils de publication

1. Cyril Fievet et Emily Turrettini, *Blog Story*, Eyrolles, 2004.

de blogs, tenait sur son ordinateur, dès 1997, une sorte de journal électronique (http://www. linux world.com/story/39218.htm). Le journal se composait de simples phrases qui apparaissaient en bas de l'écran de son ordinateur et servaient de "mémoire personnelle" résumant l'activité quotidienne du jeune homme : "Je descends à la cave chercher un soda", ou encore "J'ai joué au frisbee, je suis plein de terre". Peut-être l'un des ancêtres du journal intime électronique…

Par la suite, on s'accorde généralement à dire que les premiers blogs sont les suivants :

Juin 1993 : La page "What's New" de NCSA Mosaic, un répertoire de nouveaux sites Web (Mosaic était l'un des premiers navigateurs Web, précurseur de Netscape, créé par Mark Andreessen), est créée. Janvier 1994 : Justin Hall lance un site personnel qui deviendra ensuite "Links to the Underground". Avril 1997 : Dave Winer débute son blog, "Scripting News", qui existe toujours et peut donc être considéré comme le plus ancien blog toujours actif. Quelques mois plus tard, en juillet, ouvre Slashdot, un vaste site d'information communautaire dédié à l'informatique, considéré aujourd'hui comme le blog collaboratif le plus populaire au monde. Décembre 1997 : Le blog de Jorn Barge, "Robot Wisdom", rend populaire le terme weblog. Novembre 1998 : Cameron Barrett publie le premier répertoire de blogs sur "Camworld". Début 1999 : Peter Merholz, l'un des tout premiers blogueurs avec "peterme.com", décrète qu'il va prononcer weblog en "wee-blog", et ce terme se simplifiera pour devenir "blog" tout court. L'éditeur d'un weblog deviendra dès lors un *blogger* (en anglais).

Dans le monde francophone, les toutes premières initiatives qui s'apparentent à du blogging – ou du diarisme – remontent à la fin des années 90, au Québec. "Pssst", aujourd'hui fermé, est considéré comme le premier "blog collaboratif". Les premiers blogs personnels francophones apparaissent en 2000 : Karl Dubost, Stéphanie Booth, Emmanuelle Richard, Emmanuel Bizieau et d'autres débutent leur journal en ligne. Certains de ces blogs sont toujours actifs. »

Les blogs utilisent une interface très simple qui permet de modifier le site en temps réel. Mais leur grande originalité est le recours au RSS Feed (voir p. 51 et suivantes). Ce sigle, composé des initiales de Really Simple Syndication (syndication vraiment simple) ou de Rich Site Summary (résumé complet d'un site), est un système collectif permettant d'avertir les abonnés en temps réel dès qu'une mise à jour est effectuée. L'association blogs/RSS contribue à créer un réseau d'intelligence collective. En effet, chaque fois qu'un blog est mis à jour par son auteur, le logiciel RSS, qui détecte les modifications, prévient automatiquement les utilisateurs. L'internaute n'a plus à aller à la pêche à l'information : le logiciel RSS « veille » pour lui. Il s'agit là d'un progrès considérable dont on ne mesure pas encore suffisamment l'importance.

Cette nouvelle possibilité a favorisé la création de nombreuses start-up. Beaucoup de petites entreprises ont été créées pour faciliter l'explosion des blogs – telles que SixApart Europe, créée par Loïc Le Meur avec des logiciels comme TypePad, MovableType et LiveJournal. Les blogs eux-mêmes ont donné naissance à d'autres outils, comme les vlogs (ou videoblogs : cette fois, le texte est remplacé par des images et de la vidéo). Les pronétaires disposent désormais d'outils d'empowerment : des outils professionnels qui donnent aux amateurs un réel pouvoir. Ils utilisent ainsi des téléphones caméras (*camphones*) ou des caméras numériques pour filmer des scènes de rue qu'ils peuvent mettre immédiatement en ligne. Leurs reportages sont souvent aussi intéressants que ceux des journalistes professionnels car ils portent un regard différent sur l'information.

Blogs et vlogs participent donc à la montée d'un nouveau pouvoir, lequel se démarque du pouvoir du journaliste traditionnel, qui filtre l'information devenue un bien de consommation comme un autre. Les professionnels de la téléphonie ont bien compris l'avantage qu'ils peuvent en tirer et commencent à accompagner ce mouvement. Ainsi, à Nantes, SFR et Motorola sponsorisent l'opération menée par la télévision associative locale, qui a confié 200 téléphones mobiles aux habitants, devenus reporters. Autre exemple : en octobre dernier s'est tenu en France le premier festival du « pocket film » sur mobile.

Une économie de l'abondance fondée sur le numérique

Parallèlement aux blogs et aux vlogs sont apparus les « wikis ». Cet outil de média des masses tire son nom de l'expression hawaïenne *wiki wiki*, qui signifie « vite ». Le wiki le plus important et le plus renommé est Wikipedia.org, une encyclopédie gratuite en ligne, continuellement remise à jour par un collectif pronétarien soutenu, notamment, par la Wiki Foundation. Elle contient plus d'un million et demi d'articles, disponibles en près de 40 langues, et progresse à raison de 2500 articles par jour (la célèbre *Encyclopædia Britannica*, elle, ne contient « que » 120000 articles en 32 tomes...).

Dans notre culture marchande, il est rare que des individus acceptent de travailler sans rémunération, et dans l'intérêt de tous. L'Internet des média des masses a donné naissance à une nouvelle nouvelle économie. Il ne s'agit plus seulement d'une économie de marché, mais d'une économie *avec* marché, doublée d'une « économie de la gratuité » (voir p. 73 et suivantes). L'économie de marché traditionnelle ne va pas disparaître, mais une économie « plurielle » va favoriser des échanges autres que marchands (temps contre temps, temps contre valeur, temps contre info, info contre temps, info contre info...)[1].

Ainsi, sur le site Web d'un scientifique (comme www.derosnay.com), il est possible de mettre gratuitement des informations à la disposition de tous. On constate qu'une partie des visiteurs qui collectent ces informations en renvoient d'autres, tôt ou tard. Il s'agit en quelque sorte d'une rémunération indirecte. Ce système de média des masses, à travers par exemple les wikis, invente, en marge de l'économie classique, de nouveaux marchés, de

1. Voir, au sujet de l'« économie plurielle » et de l'« économie avec marché », l'excellent livre de Philippe Merlant, René Passet et Jacques Robin (dir.), *Sortir de l'économisme. Une alternative au capitalisme néolibéral*, Éditions de l'Atelier, 2003.

nouvelles économies plurielles. Au-delà du modèle économique traditionnel de gestion de la rareté fondé sur l'énergie et les biens matériels, une économie de l'abondance fondée sur le numérique permet ainsi aux utilisateurs de gagner de l'argent.

À côté des wikis, des blogs et des vlogs apparaît le P2P (peer to peer ou pair à pair), un protocole de communication décentralisé permettant, notamment, d'échanger de la musique et dont la presse s'est largement fait l'écho à la suite du téléchargement et de la mise en circulation de musique sous copyright (problème de Napster et du téléchargement illégal de musique). Il est intéressant de noter que le concept de pair à pair est au cœur de la définition même du protocole Internet, de l'idée que toute machine a vocation à être à la fois récepteur, émetteur et transmetteur. La télévision en P2P (l'échange de vidéos) connaît également un grand succès. Selon de récentes études, les internautes téléchargent désormais davantage de vidéos que de musique. Qu'elle soit payante ou non, la télé en P2P peut être utilisée par les consultants qui souhaitent échanger leur savoir-faire, mais également dans le domaine de la coéducation (en complément de l'université, de l'école ou des cours de formation professionnelle).

D'un point de vue conceptuel, on retrouve également l'approche décentralisée des technologies pair à pair au sein des réseaux sociaux (*social networking*)[1]. Ces derniers se sont développés à un niveau

1. Dans la réalité, le P2P, qui est une infrastructure générique et dont l'architecture est particulièrement adaptée au développement des réseaux sociaux, ne possède pas en soi cette dimension sociale.

professionnel (Viaduc, Linkedin, 6nergies...), mais le pair à pair fait aussi l'unanimité auprès des personnes désireuses de se rencontrer. Des sites comme Meetic.com ou Friendster.com permettent à ceux qui le souhaitent d'échanger de l'information ou de participer à des projets communs, voire de faire des rencontres et de se marier... Sur un plan local, le *social networking* fonctionne aussi : des participants à un colloque peuvent porter un badge qui émet à distance des mots clés renseignant les autres participants sur leurs goûts, leurs centres d'intérêt, leur profil professionnel ou personnel.

Au-delà des simples applications à la musique, à l'image et à la vidéo, la « philosophie » P2P favorise donc les rencontres entre individus partageant les mêmes valeurs, appartenant à la même « tribu ». Ces individus sont friands des outils portables, qu'ils utilisent pour se connecter les uns avec les autres ou se réunir dans des lieux publics. Howard Rheingold, un sociologue américain spécialiste des implications sociologiques des nouvelles technologies, a baptisé ce nouveau phénomène *smart mobs* : des foules se rassemblent pendant quelques minutes ou quelques heures, puis se séparent une fois l'objectif atteint[1].

Un autre système commence également à prendre de l'ampleur : il s'agit du « podcasting », un nouveau moyen de diffusion de fichiers sonores ou vidéo qui s'appuie lui aussi sur le format RSS et s'inspire de l'iPod, une création d'Apple (voir p. 78 et suivantes). Le podcasting a d'abord été conçu pour pouvoir fabriquer et diffuser ses radios personnelles : chacun peut, avec un outillage simple,

1. Howard Rheingold, *Foules intelligentes*, M2 Ed, 2005.

lancer sa propre émission. Mais l'usage en a très vite été étendu. Ainsi, il suffit de capter une émission à partir de n'importe quelle radio FM, soit directement sur son PC, soit grâce à de nouveaux appareils capables de convertir la musique radiodiffusée au format MP3 de haute qualité audio, puis de la rediffuser sur le Net. Chaque correspondant pourra ensuite écouter cette émission à loisir sur son lecteur MP3, par exemple un iPod.

Mais la possibilité de réémettre des émissions radio en podcasting pose un certain nombre de problèmes juridiques et crée des difficultés nouvelles aux stations de radio, qui ne se trouvent plus en situation de monopole. N'importe qui peut désormais créer et lancer librement son programme radio personnel sur Internet. Nul besoin, pour avoir le droit d'émettre, de disposer d'une fréquence attribuée par les autorités de régulation des télécommunications. Pour avoir l'autorisation de diffuser de la musique sur l'espace FM, les stations paient des droits à la source. L'auditeur, qui, lui, se contente de capter leurs émissions, ne paie rien. Il lui a suffi d'acheter un transistor et de se brancher sur sa station préférée.

En théorie, à partir du moment où les droits de diffusion d'une musique ont déjà été payés, n'importe quel auditeur peut l'enregistrer et la réémettre gratuitement vers un autre récepteur. Pourtant, d'après certains juristes, le pronétaire-diffuseur est dans l'illégalité à partir du moment où, par exemple, il rediffuse une chanson. L'enregistrement est en effet considéré comme de la copie privée, qui est légale, mais le podcast consiste dans une mise à la disposition du public, qui, elle, est interdite. En pratique, on observe cependant une grande tolérance, surtout lorsqu'il s'agit uniquement de faire écouter la chanson et non pas de la proposer en téléchargement. La Sacem (Société des auteurs compositeurs et éditeurs de musique) travaille sur un projet de licence pour le podcasting, mais celle-ci ne couvrira pas les droits des producteurs, à qui il faut toujours, en théorie, demander l'autorisation

Beaucoup plus qu'avec le simple e-mail ou l'IM (messagerie instantanée), le Web redécouvre ainsi sa vraie vocation : connecter des personnes à d'autres personnes au même moment pour des activités partagées. L'interconnexion de tous ces outils, dans cet écosystème informationnel qu'est devenu Internet, catalyse la montée progressive des média des masses.

Chapitre 3

Les nouveaux outils et usages des pronétaires

Un fil d'Ariane pour interconnecter les blogs : le RSS

Parmi les innovations les plus explosives de l'Internet de ces derniers mois figure sans conteste le système de diffusion et de mise à jour automatique de sites Web et de blogs appelé RSS. Il fonctionne à partir de fichiers de type XML mis à jour en temps réel et reprend ainsi automatiquement les titres ou le texte intégral d'un site Web ou d'un blog. Grâce à un logiciel spécialisé, le flux RSS peut être ensuite affiché sous forme de liens cliquables dans une autre page Web. Un abonné au service météo, aux cours de la Bourse ou à un magazine sportif, par exemple, verra s'afficher automatiquement les dernières informations sur sa page d'accueil. Il ne lui sera même plus nécessaire de consulter le site d'origine pour accéder à celles qui l'intéressent.

Le flux RSS présente de nombreux atouts. Si l'on décide de générer automatiquement un fichier RSS chaque fois qu'une mise à jour est effectuée, on permet à d'autres utilisateurs d'anticiper sur les évolutions à venir de la consommation d'information sur le Web. Ce flux peut être agrégé à d'autres flux grâce à des « lecteurs RSS » qui proposent de s'y « abonner » (comme on peut s'abonner à des groupes de discussion) pour les afficher ensuite dans une interface personnalisable. De ce fait, sans avoir besoin de consulter un à un ses sites préférés pour être informé des nouveautés, on peut insérer leur fil d'informations RSS dans un logiciel compatible pour que toutes ces sources d'informations soient agrégées sur un seul écran.

Différentes méthodes sont possibles pour accéder aux flux RSS : utiliser un logiciel de messagerie et profiter d'informations à jour pendant que l'on consulte ses e-mails ; se servir de son navigateur Web pour afficher les différents flux d'informations sous la forme d'une page Web ; ou encore, et c'est la méthode la plus répandue, télécharger des logiciels gratuits, les lecteurs RSS, spécialisés dans l'agrégation de flux d'informations RSS. Pour bénéficier des mises à jour automatiques, il suffit d'enregistrer au préalable dans le lecteur l'adresse des flux d'informations que l'on souhaite récupérer sur sa page d'accueil. La plupart des sites diffusant des flux d'informations affichent sur leurs pages une icône bien identifiable sur laquelle il convient simplement de cliquer. De plus apparaissent des outils que l'on appelle des agrégateurs grâce auxquels l'utilisateur compose sa page à sa guise : à côté de ses fils RSS favoris, il peut afficher la météo, un comparateur de prix, un moteur de recherche multiple... Ce sont les services que fournit par exemple Netvibes en français.

Le développement foudroyant du système RSS est en train de donner naissance à une industrie florissante. Google, Pheedo, Feedster et Yahoo Search Marketing développent des publicités adaptées au RSS. Cinquante-sept pour cent des entreprises interrogées par Forrester Research ont déclaré être intéressées par la publicité sur les flux RSS. Les tarifs publicitaires sont actuellement en cours d'étude. Par exemple, la société Pheedo, qui place des publicités RSS pour une centaine de clients, facture entre 50 cents et 1,75 dollar par clic sur chaque annonce. Google et Yahoo se servent d'un logiciel spécialisé pour faire coïncider les contenus, les flux RSS et les publicités proposées aux lecteurs. Yahoo a inclus le RSS sur son site My Yahoo, ce qui permet à un utilisateur intéressé par un sujet de découvrir des mises à jour auxquelles il n'avait pas pensé, simplement parce qu'un autre utilisateur a découvert une adresse intéressante sur le même thème. Verizon a commencé à acheter de l'espace sur des flux RSS.

Mais, bientôt, la donne va de nouveau changer. En effet, Microsoft prévoit d'ajouter un lecteur RSS à sa prochaine version de Windows et d'Internet Explorer. Cette modification va contribuer à répandre davantage encore l'utilisation du RSS et, par voie de conséquence, démultiplier les réseaux d'intelligence collective ou de création collaborative.

Télévision, vidéo et éditions pronétariennes

De nouvelles technologies vont rendre irréversible la profonde mutation que va subir la télévision dans les prochaines années. Un phénomène analogue au podcasting va en effet se produire pour le média des média. Comme pour la réémission des flux radio, il sera bientôt possible, à partir de son ordinateur personnel, de transférer gratuitement sur le Net des émissions de télévision. Grâce à des systèmes comme Cybersky-TV (dont le lancement est actuellement bloqué par une plainte déposée par une chaîne allemande), les internautes vont pouvoir créer leurs propres images et les diffuser gratuitement en P2P TV avec BitTorrent, un logiciel téléchargeable gratuitement sur le Net. BitTorrent concentrait déjà 30 % du trafic mondial à la fin de l'année 2004 et il revendique 45 millions d'utilisateurs dans le monde.

Ainsi que le précise le Journal du Net, « à l'instar de Napster, désormais coté au Nasdaq, BitTorrent veut sortir de l'illégalité et prépare sa reconversion dans le commerce en ligne, en levant 8,75 millions de dollars auprès du fonds américain Doll Capital Management en 2005. La société est en négociation avec les majors du cinéma et de la musique, ainsi que les éditeurs de jeux vidéo, pour bâtir son catalogue. Elle base son modèle économique à la fois sur la publicité et la vente de contenus protégés par diverses technologies [1] ». Comme pour la musique, ou le téléphone avec Skype, chaque PC devient, avec BitTorrent, le relais d'autres ordinateurs

1. www.pronetariat.com/3

connectés en réseau et réalise un double travail : rerouter le flux tout en améliorant la qualité. Avec ce logiciel, plus vous « downloadez », plus vous vous transformez en « uploader ». Chaque personne qui télécharge devient lui-même un site miroir de téléchargement pour un autre téléchargeur, ou *downloader*. Ainsi, plus les internautes seront nombreux à télécharger une vidéo, plus l'opération s'effectuera rapidement. C'est le système des vases communicants numériques, une réaction en chaîne, en quelque sorte. Ce phénomène de rediffusion libre va concurrencer les diffuseurs de programmes télévisés. Déjà, des émissions de « séries » en P2P, sans coupures publicitaires et avec une grande qualité vidéo, sont très populaires aux États-Unis, comme on peut le voir par exemple sur le site MiniNova[1].

Certes, quand il est possible de capter le flux d'une chaîne privée ou le flux codé d'une chaîne cryptée sur son PC, ce flux est retransmissible en P2P à d'autres PC à condition de disposer de certains types de logiciels. Pour préserver les intérêts des auteurs sans priver les internautes de la liberté de diffuser, un compromis devra être trouvé[2]. Dans la mesure où la rediffusion d'émissions, cryptées ou non, est facile à réaliser, la contrefaçon risque de se généraliser, en particulier dans les pays en développement. Les « vectorialistes », qui voient leur pouvoir s'amenuiser et leur monopole être entamé un peu plus chaque jour, devront imaginer de nouveaux modèles économiques pour

1. www.pronetariat.com/4

2. Voir sur ce sujet le livre de Philippe Aigrain, *Cause commune*, Fayard, « Transversales », 2005.

subsister. Les instances de régulation auront également des difficultés à maîtriser ce phénomène. Comment réussiront-elles, par exemple, à réglementer la Web TV ou la vidéo sur Internet alors que n'importe qui peut émettre à partir de n'importe quel site ? Compte tenu des nouveaux usages pronétariens qui ont été décrits, le droit d'auteur pourrait donc être amené à évoluer de manière significative. Au départ droit exclusif d'autorisation, il pourrait, dans le cyberespace, se cantonner à un simple droit à rémunération, résultant d'extensions, de dérogations ou d'exceptions au droit exclusif et d'une mise en œuvre de mécanismes alternatifs de rémunération et de compensation.

Imaginons – les experts le prédisent déjà – une convergence, par exemple, entre le RSS Feed, les wikis, le P2P TV et BitTorrent. Chaque fois qu'une émission nouvelle apparaît, les abonnés aux chaînes de télévision pronétariennes sont avertis par le système RSS : des « agents intelligents » se connectent automatiquement et enregistrent, sur un disque dur, les émissions qu'ils sont allés glaner aux quatre coins du monde. Par un système appelé *enclosures*, le « torrent » de bits se télécharge automatiquement et se transforme en une sorte de podcasting vidéo que l'on pourra enregistrer et regarder plus tard. La majorité d'entre nous préféreront probablement continuer de regarder les programmes traditionnels, parce qu'ils seront plus faciles à maîtriser, mais d'ici une à deux générations la question ne se posera plus. La clientèle sera principalement constituée de jeunes qui apprécieront de pouvoir créer leurs propres programmes et navigueront d'une chaîne pronétarienne à une autre.

Des programmes conçus par des jeunes pour des jeunes

Deux tendances confirment déjà cette évolution. Tout d'abord, des chaînes de cinéma créées par des jeunes pour des jeunes, avec des caméras numériques et des moyens très limités, ont commencé à détourner des spots publicitaires en les modifiant et en les téléchargeant sur Internet. Puis quelques pronétaires se sont lancés dans la réalisation de films avec un *story-board*, certains connaissant un beau succès. Plusieurs sites ont été créés spécialement pour promouvoir ces petits films, dont quelques-uns ont d'ailleurs été repérés par de grands réalisateurs hollywoodiens.

Ces derniers temps, de plus en plus d'artistes ont fait le choix de mettre leur musique directement en ligne sur Internet. Dans le même esprit, certains mettent à la disposition du public un matériel leur permettant de graver leur propre CD à l'issue d'un concert. Ces artistes, qui touchent un pourcentage assez faible sur les ventes de CD, ont compris tout l'intérêt qu'ils avaient à court-circuiter les majors : une diffusion plus confidentielle, mais mieux ciblée, associée à des frais de production limités, leur permet de générer des bénéfices beaucoup plus importants.

L'évolution est la même pour la télévision. Al Gore, ancien candidat à la Maison-Blanche, a lancé le 1er août 2005 Current TV, sa propre télévision, dont les programmes sont généralement réalisés par des jeunes pour des jeunes. En principe, peu de journalistes professionnels apportent du contenu à Current TV : pour l'essentiel, ce sont des « vlogueurs » qui lui fournissent les programmes. La jeune chaîne satirique Rocketboom.com, animée par Andrew Michael Baron et Amanda Congdon, a connu en dix mois, depuis son lancement, un succès foudroyant, devenant le plus populaire des vlogs et conduisant chaque jour à plus de 50000 téléchargements.

Ces exemples sont la preuve que la création de contenus par les pronétaires, qui utilisent parfois les mêmes outils que les professionnels, gagne progressivement du terrain. Cela n'ira pas sans poser des problèmes. Il y a peu, les *content providers* (fournisseurs de contenus), qui fixent les droits de diffusion, dictaient encore leur loi. Aujourd'hui, ils sont menacés par une nouvelle concurrence. Cette armée d'anonymes aux moyens artisanaux mais néanmoins performants est en train de les défier en créant des contenus de qualité, plébiscités par le public.

C'est ce qu'ont parfaitement compris deux géants des média, Rupert Murdoch, président de News Corp, et John Malone, le grand entrepreneur du câble et PDG de Liberty Media. En avril 2005, Murdoch a fait sensation en affirmant lors d'une conférence de presse que les « grands groupes de communication devaient se réinventer pour faire face à la iPod génération, désormais capable de court-circuiter les fournisseurs traditionnels de contenus en consommant des news, de la musique et de la vidéo, directement depuis Internet ». Quelques semaines après cette déclaration fracassante, John Malone montait d'un cran en expliquant que « les utilisateurs veulent une seule facture, la portabilité et la possibilité de regarder de la vidéo sur toutes les plates-formes disponibles [...]. Nous allons nous trouver confrontés à des accès aléatoires vers des contenus variés, et les consommateurs ne paieront que pour ce qu'ils consomment». Pour ces deux magnats des média, l'industrie de la communication doit évoluer d'un système traditionnel fondé sur le *push*, dans lequel les diffuseurs distribuent des contenus en décidant des programmes et des horaires, vers un marché ouvert au sein duquel les consommateurs tirent (*pull*) leurs contenus préférés grâce à une grande variété de terminaux, fixes ou mobiles.

Après la musique, la vidéo, la radio, le même phénomène est en passe de se produire dans le domaine du livre. Deux voies risquent de faire sérieusement concurrence à l'édition traditionnelle. La première est la voie des auteurs. En effet, les auteurs peuvent décider de publier directement leur livre sur Internet au lieu de passer par un éditeur. Certains s'organiseront en consortium afin de permettre à des jeunes d'être publiés sur le Web. Les best-sellers dans le cyberespace intéresseront alors des éditeurs, qui proposeront d'imprimer le livre en version étrangère.

Nicholas Negroponte, auteur du livre *Being Digital* (*L'Homme numérique*), a demandé à son éditeur de le mettre en ligne sur le Net dès sa parution. Celui-ci a d'abord refusé, avant d'accepter quelques mois plus tard. Le monde de l'édition traditionnelle a en effet du mal à comprendre les effets d'amplification – ou effets de levier – que peut avoir Internet par rapport aux média classiques. Cette initiative originale a suscité des articles dans la presse, des controverses, des discussions sur les forums Internet; même la télévision s'y est intéressée. Résultat, grâce à Internet, le livre a connu un rebond formidable et s'est vendu à plusieurs centaines de milliers d'exemplaires !

Autre facteur de concurrence : la possibilité d'imprimer des livres à distance. De plus en plus d'officines, dans l'esprit des « tirages numériques en une heure », proposent d'imprimer en série des livres personnalisés. On envoie son livre via Internet pour le faire imprimer selon ses désirs dans un magasin du quartier. De grandes entreprises comme Hewlett Packard commercialisent déjà des machines, avec relieur incorporé, permettant d'imprimer un livre de 300 pages, de choisir sa couverture, son papier et sa typographie.

Les internautes ne passent plus seulement du temps à télécharger de la musique et des films ou à éditer des livres. Ils *créent* de la musique et des films entrant en compétition directe avec les majors ou Hollywood. La production collaborative de contenus inquiète évidemment les grandes entreprises d'édition, de programmes de télévision ou de films. L'exemple de Wikipedia est typique de cette évolution : plus de 5 millions de personnes visitent mensuellement ce site, montrant qu'un long travail pour éditer des contenus propriétaires peut être contourné par des équipes de bénévoles travaillant de manière solidaire dans le domaine gratuit.

La voie royale du sans-fil et la révolution des nouveaux mobiles

Alors qu'aucune grande entreprise n'y croyait, la Wifi (ou Wireless Fidelity) s'est imposée en trois ans comme l'infrastructure (ou plutôt l'« infostructure ») pronétarienne par excellence.

La Wifi est une norme ouverte – le standard 802.11B et les suivants – rendue possible parce que la Federal Communication Commission (FCC) a donné l'autorisation d'émettre sans licence et gratuitement dans des zones limitées (100 mètres maximum). En France, le développement de la Wifi a longtemps été ralenti par une législation l'interdisant au nom de raisons de sécurité militaire, en réalité obsolètes, l'armée n'utilisant plus cette fréquence. (La véritable raison était la peur des grands opérateurs de voir apparaître une nouvelle forme de concurrence.) Les zones Wifi se relaient tous les 100 mètres, ce qui finit par couvrir un territoire assez vaste. Les premiers réseaux Wifi ont été lancés par des habitants techniciens, frustrés de ne pas voir le haut débit arriver dans leur quartier et désireux de mettre en partage cette ressource. Ainsi les développeurs de Seattle ont-ils joué un rôle essentiel dans le lancement des premiers réseaux Wifi *outdoor*.

La Wifi a connu le succès non seulement grâce à des particuliers, mais également à ce qu'on appelle des *hot spots*, c'est-à-dire des lieux de haute densité communicationnelle (hôtels, restaurants, parcs d'attraction, musées, universités, aéroports, hôpitaux...). Elle a une portée très limitée, mais, du fait de la concentration dans l'espace d'un certain nombre de services, on peut l'utiliser pour accéder à Internet sans fil en s'abonnant à ces services par l'achat en ligne d'un droit d'accès limité dans le temps ou d'une carte sécurisée.

Cela dit, le fonctionnement payant des hot spots ne semble pas adapté à la culture Internet. Les fournisseurs d'accès ne vont pas tarder à réaliser que leur intérêt est d'encourager les gens à communiquer entre eux et de leur faire payer quelques centimes d'euro des services personnalisés. À l'exception des hot spots privés garantissant des accès spéciaux et encryptés, on assiste probablement à la fin des hot spots tels que nous les connaissons aujourd'hui. Dans trois ou quatre ans, ces zones communiqueront entre elles et l'utilisateur n'aura plus besoin d'acheter une carte Wifi dans une gare, un aéroport ou un hôtel pour émettre et recevoir des informations en Wifi depuis un lieu public.

WiMax, la nouvelle norme mise au point par Intel, permet quant à elle d'émettre sans fil sur une distance de trente à quarante kilomètres. Contrairement à la Wifi, qui peut être utilisée par les particuliers, WiMax est réservée aux seuls opérateurs. En Europe, impossible en effet, pour le moment, d'émettre sur WiMax si l'on est un particulier. Cette technologie prometteuse va certainement se développer dans les années à venir. Elle est particulièrement intéressante pour les zones de faible densité, où le développement de l'ADSL n'est pas rentable.

La ville de San Francisco, à la suite de la récente déclaration de son maire (et grâce au lobbying de Google, qui a sûrement un plan stratégique à ce sujet), vient d'annoncer qu'elle allait devenir un seul et gigantesque hot spot Wifi quasi gratuit. Des dizaines de villes dans le monde vont suivre. La ville de Philadelphie, par l'intermédiaire de son association sans but lucratif Wireless Philadelphia, a décidé en août 2005 de faire construire et gérer son installation Wifi globale de 18 millions de dollars par Hewlett Packard et EarthLink. Tous les utilisateurs auront un accès à haut débit à Internet depuis n'importe quel point de la ville, soit gratuitement, soit par abonnement à un prix de 10 dollars par mois, selon les types de services. Minneapolis entreprend la même démarche avec Echostar Communication et Sprint pour son projet de Wifi citadin de 15 à 35 millions de dollars. Trois cents villes américaines préparent leurs systèmes sans fil pour 2006, certaines proposant un abonnement à prix réduit, ce qui conduirait à un marché évalué à près de 200 millions de dollars. Mais des villes européennes (en Grande-Bretagne, en Finlande, en Lituanie, par exemple) et asiatiques (en Corée du Sud ou à Singapour) les ont devancées en offrant à leurs citadins, gratuitement ou par abonnement à un coût symbolique, des connexions Wifi.

D'ici quelques années, la Wifi deviendra certainement gratuite en de très nombreuses zones. Les fournisseurs d'accès se rémunéreront sur les petits services personnalisés qu'ils développeront pour leurs clients. Par ailleurs, les nouvelles normes Wifi et surtout WiMax, qui permettent de communiquer de hot spot à hot spot, se généraliseront et révolutionneront la communication personnelle grâce aux téléphones mobiles « multistandards » (compatibles avec Wifi, UMTS, GPRS, GSM...).

Les puces Wifi qui ont trouvé leurs applications dans les PC portables commencent à équiper les téléphones mobiles. Les frontières entre services Internet et services de téléphonie vont s'estomper. La voix sur IP (VOIP) a bouleversé les grands opérateurs de télécoms ; le même phénomène va se reproduire avec la voix sur IP à partir des mobiles comportant une puce Wifi. Mais la vraie révolution de la téléphonie mobile, ou « MobilNet », n'est pas seulement la technologie mais la gratuité, génératrice, paradoxalement, de nouveaux services payants personnalisés. Déjà, Nokia, Motorola, Samsung et LG (sans mentionner les entreprises chinoises, très discrètes sur ce sujet) sont en train de distribuer des téléphones multistandards. Grâce à des logiciels du type de ceux de Skype, et sans avoir à passer par un service payant GSM ou G3 (UMTS), il sera possible de se téléphoner gratuitement à partir de n'importe quel hot spot, et surtout de télécharger de la musique, de s'envoyer des SMS gratuits, des photos et même de recevoir la télévision, assis dans un parc public ou dans un aéroport, son téléphone portable à la main !

La Corée du Sud développe, à l'échelle nationale d'abord, un système de réception des grandes chaînes de télévision sur des mobiles utilisant une technologie appelée DMB (Digital Multimedia Broadcasting). En Europe, Nokia s'appuie sur un autre standard incompatible appelé DVB-H (Digital Video Broadcasting for Handheld), avec le fort soutien de nombreuses entreprises de téléphonie et de télévision. Quant à la société Qualcomm, elle lance son propre standard, MédiaFlo. De belles batailles en perspective !

Dans moins de cinq ans, la majorité des appels dans le monde transiteront par Internet à partir de mobiles ou de PDA (assistants personnels) équipés de logiciels gratuits comme ceux de Skype. Les opérateurs seront dans l'incapacité d'arrêter ou de ralentir cette évolution. Certains se résignent déjà en offrant des services comparables, ou en se disant qu'il faudra quand même, dans certains cas, passer par des lignes ADSL et souscrire obligatoirement un forfait… British Telecom est actuellement le seul opérateur européen à proposer un service, Fusion, n'utilisant qu'un seul téléphone pour le mobile et le fixe. Il suffit pour cela d'être abonné à l'ADSL, de disposer d'un téléphone Motorola adapté (offert gratuitement par BT) et, chez soi ou au bureau, d'une sorte de modem fixe, lequel transforme les appels du mobile entrant dans sa zone en appels au tarif du fixe. BT s'est en effet aperçu que 53 % des appels en provenance de mobiles étaient passés en position fixe, au domicile ou au travail. Les prévisions des experts indiquent que le nombre de mobiles Wifi atteindra 13,5 millions en 2007, 52,8 millions en 2008, pour exploser vers 2010 (136 millions). Des outils puissants de média des masses aux mains des pronétaires ?

Mais l'avenir appartient aussi à ce que l'on appelle les « réseaux pervasifs » et aux *mesh networks*. « Pervasif » signifie que le réseau est *on*, connecté de façon ininterrompue. La société Ozone.net, à Paris, offre de se connecter à un coût très bas tout en laissant la possibilité à chaque personne qui installe une antenne Wifi au-dessus de sa maison de répercuter son signal Wifi dans un rayon de 4 à 5 kilomètres. Ce réseau, également baptisé *mesh network*, s'auto-organise, de manière analogue à la formation de synapses entre les neurones…

Selon Rafi Haladjian, fondateur de Ozone.net, le réseau pervasif est un réseau omniprésent. Ses composantes sont transparentes pour l'utilisateur final. Il est toujours ouvert, assurant une permanence de la connexion en tout lieu. Il est agnostique en terme d'applications puisque fondé sur les protocoles mêmes d'Internet. Il doit permettre de connecter tout type d'appareil et se présente donc comme l'infrastructure nécessaire à l'émergence des objets intelligents. Le réseau pervasif contribue au développement d'un écosystème informationnel d'interactions homme/homme. Mais il peut être également destiné à des utilisations à la fois homme/machine et machine/machine. Il a notamment pour vocation de rendre intercommunicants le plus grand nombre d'appareils possible, de banaliser la notion de communication et de « désinsulariser » l'archipel des objets qui entourent l'utilisateur. Il s'inscrit en cela dans la tendance générale de l'informatique répartie sur des ensembles hétérogènes : *grid computing*, Web services, etc. Le réseau pervasif est le réseau de la continuité et de la permanence de la communication. Il est le socle d'une informatique répartie, dans laquelle les objets sont interdépendants. De ce fait, il se doit naturellement d'être connecté en permanence et sans rupture, et ce *indoor* et *outdoor*. L'utilisateur ne doit plus avoir à changer de « prothèse » lorsqu'il passe le pas de sa porte. Par conséquent, l'utilisation du réseau pervasif ne peut se faire que pour un prix extrêmement modique, le coût de chaque transaction étant imperceptible à l'utilisateur.

L'émergence du contre-pouvoir des pronétaires

Après la musique et les films, le nouveau domaine conquis par les pronétaires est celui de l'édition presse, avec l'avènement et l'extraordinaire succès des journaux en ligne rédigés par des blogueurs ou des non-journalistes. Le modèle du genre est OhMyNews, journal coréen âgé d'à peine cinq ans et comptant déjà 1 million de visiteurs par jour (voir p. 118-119). Pour rédiger ses articles, OhMyNews utilise un réseau collaboratif de pratiquement 40000 « journalistes citoyens ». Ces derniers écrivent 200 articles par jour, et ce dans tous les domaines. Aux États-Unis les initiatives bourgeonnent, telles que Backfence, Global Voices, Now Public, WikiNews ou Bayosphere. Le *New York Times* et *Business Week* s'engagent également dans la voie du *citizen journalism* en favorisant des initiatives de ce type.

Un des premiers « journaux citoyens » européens, AgoraVox, a été lancé en France en juin 2005 par la société Cybion, spécialisée dans la recherche d'informations sur Internet et la veille concurrentielle, technologique et économique. À partir d'un travail de proximité, l'objectif d'AgoraVox est de publier des actualités concernant des événements de préférence inédits, bien qu'il soit également possible de soumettre des articles d'analyse critique ou des commentaires. Six mois après son lancement, le journal comptait plus de 1500 rédacteurs et accueillait près de 250000 visiteurs par mois. Nous verrons plus loin comment il fonctionne (voir p. 119 et suivantes).

On observe un même phénomène de coédition pronétarienne dans le monde de la radio FM. Comme le souligne Pierre Bellanger, PDG de Skyrock, les 2,5 millions d'adolescents qui animent la communauté Skyblog se sont réappropriés ce nouveau média, jusqu'à transformer en profondeur la radio qui a lancé le site Web. Il en résulte un nouveau média hybride, dont le Web et les téléphones mobiles sont les vecteurs les plus porteurs et les plus efficaces. Le phénomène n'est pas réservé aux riches ni aux pays du Nord. À Barcelone, dès 1998, les jeunes du quartier défavorisé Raval ont monté leur radio communautaire en ligne, entièrement réalisée par leurs soins. À Rio de Janeiro, l'association Viva Rio a mis en place des sites collaboratifs pour les habitants des favelas, dans lesquels ces derniers publient des articles sur la vie de leurs quartiers.

La création collaborative et le partage se situeront à tous les niveaux dans l'Internet de demain. Comme un organisme vivant, Internet connaît en effet une nouvelle et spectaculaire évolution. À partir des encyclopédies gratuites en ligne, des films réalisés par des amateurs, des journaux citoyens rédigés par des non-journalistes, des sites d'échange de photos et d'agendas ou encore des jeux vidéo multi-utilisateurs, le Net se réorganise et s'adapte aux nouvelles demandes de ses utilisateurs.

Les échanges de services dépassent très largement le combat mené contre le piratage, que symbolise la décision de la Cour suprême des États-Unis de rendre illégaux les sites permettant l'échange de fichiers. Il s'agit d'un défi bien plus important : la création de contenus à forte valeur économique par le public lui-même. Mais aussi de contenus sortant du secteur marchand et relevant pour certains de dons, pour d'autres de la rétribution par la reconnaissance sociale. Les cibles marketing traditionnelles deviennent des producteurs de masse, concurrents des grandes entreprises propriétaires de leurs contenus diffusables (films, programmes de télévision, livres et magazines, services de télécommunications, jeux vidéo...). Ce phénomène collaboratif atteint des sommets dans le domaine du logiciel. Les prouesses des logiciels libres comme Linux sont maintenant bien connues. Une petite entreprise comme SugarCRM, créée il y a un an et employant 10 personnes, fournit une version libre de logiciel de gestion des relations clients qui a été téléchargée plus de 235 000 fois. Cette start-up est donc en compétition directe avec des géants comme Siebel Systems, implantés depuis longtemps sur ce marché. Sugar tire ses bénéfices de services comme des supports techniques et un abonnement annuel à des conseils.

Le contre-pouvoir pronétarien émerge du retour d'informations venant d'Internet. À l'origine, le Net était conçu comme un système de diffusion favorisant la navigation d'un site à l'autre – des sites offrant des informations essentiellement fondées sur le texte. Comme l'a fait remarquer dès 1994 Jim Clark, le fondateur de Netscape Communications Corp., « le vrai défi d'Internet n'est pas d'envoyer des informations à des internautes, mais bien de répondre à leurs demandes personnalisées. L'avenir du réseau repose sur sa capacité à faire remonter et à prendre en compte le gigantesque "feed-back" d'Internet ». Or aucune entreprise, aucun organisme public ou groupe politique n'est capable, avec les outils actuels que représentent l'e-mail, l'IM ou les agents intelligents et les robots de réponses automatiques, de répondre en temps réel au raz de marée des demandeurs. Seul un système transversal, de groupe à groupe, le permet. C'est une des bases du contre-pouvoir pronétarien.

Un véritable contre-pouvoir citoyen

Internet succède donc à deux autres modes de communication traditionnels. Le premier, le guichet (« un vers un » ou 1V1 dans notre notation – voir la note 1 p. 30), a été inventé pour permettre à l'administration (SNCF, Sécurité sociale, Trésor public…) et aux citoyens usagers de se rencontrer sur des sujets personnalisés. Le problème réside dans la complexité, et donc la lenteur de réponse de la machine administrative, fonctionnant en *back office*. D'où, la plupart du temps, la frustration des usagers. Le deuxième mode de communication, l'image, révolutionnaire en son temps, propose une diffusion pyramidale. Du haut de la pyramide, quelques-uns (les chaînes de télévision, les radios, les éditeurs de journaux…) s'adressent à des milliers ou des millions de personnes. C'est le processus *top down*, caractéristique de l'évolution de ces cinquante dernières années.

Avec Internet, un troisième mode de communication apparaît : le TVT, « tous vers tous » ou « de groupe à groupe » (en anglais *many to many*). Comme on l'a vu, les utilisateurs peuvent transmettre de l'information à travers leur site Web, un blog ou un vlog. Ils décideront d'agir soit de manière subversive – par exemple en bloquant un site pendant quelques heures (l'attaque contre Yahoo en 2000 est un cas d'école) ou en propageant un virus du type « I love you » –, soit de façon constructive – en participant en direct (grâce à une webcam) à des émissions de télé, de radio ou à des chats.

Internet change la règle du jeu. Face aux pouvoirs publics et privés apparaît un véritable contre-pouvoir citoyen, Internet devenant le support par excellence des média des masses. La preuve : ce ne sont ni les industriels, ni les pouvoirs publics qui ont proposé les grandes applications du Net ou du mobile. Ces nouveaux outils qui emportent l'adhésion – le courrier électronique (même si l'e-mail a souvent été détourné à des fins de marketing), le SMS, la messagerie instantanée (ou IM), le chat – doivent leur succès aux ados. Ils ont été promus par les utilisateurs eux-mêmes.

Si l'IM est aujourd'hui de plus en plus utilisée dans les entreprises, à l'origine personne – sauf les adolescents – n'y croyait… Le chat et la messagerie instantanée ont été inventés par deux jeunes Israéliens, créateurs de ICQ (*I seek you*), un logiciel permettant aux gens de bavarder avec les personnes dont les noms ou les photos apparaissaient à l'écran dès qu'ils connectaient leur PC. Il leur suffisait de cliquer dessus pour pouvoir chater. C'était une vraie révolution. L'IM a été intégrée dans les grands portails de type MSN et autres AOL. Depuis deux ou trois ans, les entreprises réalisent que cet outil représente un plus marketing pour elles. Elles l'utilisent notamment pour répondre aux questions posées via la messagerie électronique par leurs clients. La question est renvoyée sur un système d'IM où, en temps réel, le client pourra, s'il le souhaite, continuer à communiquer sur le suivi de son projet avec son correspondant d'entreprise, qui lui aura laissé son adresse IM.

Le chat, en revanche, est une sorte de jeu. On est présent en temps réel avec d'autres utilisateurs, connus ou inconnus. Alors que le téléphone est particulièrement prenant car on ressent, à l'intonation de la voix, l'ennui, le souci ou l'intérêt, l'écriture représente une forme de communication complémentaire avec ses caractéristiques propres. Elle est à la fois plus neutre et plus chaude, car la lecture est instantanée. Elle peut aussi se pratiquer en différé. La réponse écrite « en direct », donc en réaction à un SMS ou à un chat, est souvent « émotionnelle ». Recevoir ou envoyer des messages instantanés à des correspondants sans le contrôle des parents ou des professeurs, exprimer des sentiments profonds que le téléphone ne permet pas toujours de transmettre, voilà sans doute ce qui est à la base du succès extraordinaire du chat chez les ados, qui en ont fait un de leurs principaux usages d'Internet. De même, le P2P a été utilisé à l'origine par les jeunes pour échanger de la musique, mais les logiciels de P2P se retrouvent désormais sur de grands serveurs d'entreprise afin de favoriser les contacts et échanges entre professionnels.

Au premier rang du réseau sociétal, il faut compter avec la messagerie électronique, *killer ap* d'Internet. Initialement, l'e-mail avait pour objectif de permettre à des scientifiques de communiquer entre eux sur des campus universitaires; il s'est étendu au grand public en permettant d'envoyer non seulement du texte, mais aussi des photos, des vidéos et du son. Évidemment, il n'a pas échappé aux grands industriels que cet outil de communication qui avait trouvé sa place auprès des internautes pouvait être détourné à des fins de marketing, puisqu'il était possible grâce à lui de s'adresser directement aux gens via leur boîte aux lettres électronique. Les messages publicitaires sont souvent accompagnés d'un lien permettant de remonter au site émetteur de l'entreprise, parfois aussi de courtes vidéos en 3D montrant l'objet à acheter. Ces cinq dernières années, le spam est devenu tellement envahissant qu'il a ruiné cette opportunité de toucher si facilement les consommateurs.

Skype et communication mondiale gratuite : la nouvelle vie du téléphone

Les grands opérateurs de téléphonie, après l'avoir critiqué, marchent sur les traces de Skype, le système de téléphonie mondiale gratuit, et empruntent la voie de la VOIP (Voice Over IP, la voix sur IP), grâce à laquelle on peut téléphoner n'importe où dans le monde avec les technologies à prix réduits en faisant transiter la voix par le protocole Internet (ou IP). Skype propose de télécharger un petit logiciel gratuit permettant de communiquer, d'ordinateur à ordinateur, en P2P et en qualité MP3. Chaque ordinateur qui utilise le réseau en P2P sert également de relais pour les autres et corrige le message tout en améliorant la qualité de la communication téléphonique. Ce que ne font pas les systèmes tels que Net2Phone ou MSN Phone, par exemple, chez lesquels chaque appel est payant.

Le flux d'utilisateurs est tel que Skype a commencé à gagner de l'argent en prélevant quelques centimes d'euro sur des petits services bon marché mais à forte valeur ajoutée (ne pas figurer dans l'annuaire ou pratiquer la téléconférence à plus de six personnes – ce service est gratuit en audio jusqu'à un certain nombre de participants, puis payant si leur nombre s'accroît). Un des services les plus populaires s'appelle Skype Out. Il permet de joindre, depuis son PC, un destinataire sur son téléphone portable ou fixe, qu'il soit équipé ou non de Skype. Il suffit d'acheter un crédit de 10 euros (réglé par carte bancaire), qui sera débité à raison d'un centime d'euro par minute pour toute communication internationale. On ne paie plus à la distance mais à l'utilisation. On peut également se voir en visiophonie grâce à un logiciel appelé Spontania Video4IM, disponible, pour le moment, auprès d'une petite start-up espagnole, DialCom. Mais il apparaît évident que Skype ne tardera pas à proposer son propre logiciel de visiophonie compte tenu de l'importance d'une telle application pour les pronétaires.

Avec ses 54 millions d'utilisateurs dans le monde, Skype incarne, encore mieux que d'autres, un nouveau modèle économique. Comme Amazon, Yahoo, Google ou Netscape à l'origine, il est porté par une vague de jeunes utilisateurs et « surfe sur le flux ». Skype est l'une des premières entreprises d'Internet à avoir misé sur la nouvelle nouvelle économie. Ses créateurs ont donc eu l'idée de créer et de renforcer un flux important d'usagers et de fournir à ceux qui le souhaitaient un service personnalisé en échange d'une somme modique. Ils ont parié sur le débit du flux ainsi généré : des millions d'utilisateurs abonnés à une prestation bon marché conduisent à un chiffre d'affaires annuel conséquent !

Cette initiative a permis à la société de se vendre à eBay pour 2,6 milliards de dollars cash en septembre 2005. Ce montant semble tellement colossal qu'il est perçu par les professionnels de la finance et du venture capital comme ridiculement élevé. En effet, Skype ne réalisera que 60 millions de dollars de chiffre d'affaires en 2005 et 200 millions en 2006. Les ratios habituels des financiers ne s'appliquent plus. Alors, pourquoi un tel prix ? D'abord, ce n'est qu'un début. La somme a été payée par eBay pour moitié en cash, pour moitié en actions. Et 1,5 milliard de dollars supplémentaire sera versé en 2009 en fonction des performances de Skype.

Meg Whitman, la présidente d'eBay, aurait-elle succombé aux promesses (et au charme) de Niklas Zennström et de son complice Janus Friis, cofondateurs de Kazaa et de Skype ? Pas du tout ! Elle partage avec eux une vision à quinze ans : grâce à Skype, eBay va devenir *le* magasin virtuel mondial. En effet, la majorité des internautes qui achètent ou vendent sur eBay souhaitent parcourir des rayons virtuels, vivants et animés, voir d'autres personnes et leur parler, interagir en groupes. Ouvrir une boutique « physique » pour vendre n'importe quel produit ou des conseils en management ou en éducation nécessite de suivre un parcours compliqué : immobilier, patentes, devantures, etc. Sur eBay, c'est un jeu d'enfant. Avec les communications téléphoniques gratuites de Skype et très bientôt le visiophone mondial gratuit, les transactions, discussions, évaluations peuvent se faire beaucoup plus facilement, avec plus d'efficacité et surtout avec du *fun*.

Car tous ces nouveaux services, de Yahoo à Google en passant par eBay, relèvent du monde du loisir autant que du monde professionnel. Ils sont fondés sur le principe de l'*instant gratification*, la gratification immédiate, c'est-à-dire le plaisir apporté par l'écoute d'une musique à peine a-t-elle été téléchargée, une sonnerie originale sur son téléphone mobile, un commentaire sur ses photos de voyage ou la découverte de sa maison vue par les satellites de Google Map. C'est ce potentiel que Meg Whitman vient d'acheter en s'associant à Skype. Avec, en plus, une marque déjà célèbre dans une culture Internet partagée par les générations montantes, et une base de 54 millions d'utilisateurs en croissance de 150000 nouvelles personnes par jour.

Les modèles Yahoo, Google et maintenant Skype reposent sur le principe de la gratuité, mais ils aboutissent à des capitalisations boursières dépassant celle des entreprises classiques du Dow Jones. Ils offrent pour la première fois dans l'histoire de l'industrie une plate-forme, une place publique d'échange, une agora pour les créations et les usages des pronétaires. Les infocapitalistes n'offrent, eux, que des logiciels propriétaires, de la musique sous copyright, des textes attachés aux droits d'auteur, toutes choses valables pour la première phase de l'expansion industrielle mais moins adaptées à la civilisation du numérique. Ces infocapitalistes, vectorialistes, on l'a vu, forcent les usagers à passer par leurs vecteurs (protégés) de diffusion. Ils recourent au besoin à la création artificielle de rareté et réalisent leurs marges bénéficiaires sur des masses de produits et services standard.

À l'inverse, les nouvelles entreprises multidimensionnelles, comme Google, eBay et Yahoo, offrent gratuitement des tremplins et des plates-formes menant les pronétaires à développer leurs produits, leurs services et même à s'enrichir. Loin du recours coûteux à la publicité de masse, au marketing et aux réseaux de distribution utilisés par les infocapitalistes, ces nouvelles organisations mondiales virtuelles – appelées désormais NVO (Network Virtual Organizations) dans les cours de la Harvard Business School – ne font que peu de dépenses en publicité et en marketing, utilisant plutôt le *buzz* (bouche à oreille) répercuté par des millions d'internautes et surfant sur le flux des usagers. C'est en cela que consistent le principe de création de valeur ajoutée par « synergie de niches » et l'effet multiplicateur des flux d'usages personnalisés. C'est la base de la nouvelle nouvelle économie. Toute la création collective, en particulier le « logiciel libre » actuellement au cœur d'une bataille juridique, repose sur cette idée simple. Il vaut mieux toucher 10 centimes d'euro sur 10 millions de personnes attirées gratuitement sur un de ces sites fun, avec une marge de près de 90 %, plutôt que 100 euros sur 10 000 clients convaincus à grand-peine par une publicité et un marketing coûteux, le tout pour en tirer une marge bénéficiaire de 20 à 30 % au mieux…

Il convient cependant d'être vigilant sur l'application des principes mêmes de cette « économie de la gratuité ». La récupération par les infocapitalistes guette les pronétaires s'ils n'y prêtent pas garde. Il existe en réalité, d'après Philipe Aigrain, « une tension extrême entre, d'une part, une économie qui utilise la gratuité comme produit d'appel en maintenant le caractère propriétaire des bases des échanges liés, et, d'autre part, une économie qui joue la carte du respect des biens communs et des échanges qui les constituent[1] ». Internet Explorer,

1. Philippe Aigrain, communication personnelle. (Voir aussi *Cause commune*, *op. cit.*).

Skype, Kazaa, *Métro*, *20 Minutes*, la télévision hertzienne financée par la publicité sont des produits ou des services gratuits (pour leurs usagers finaux). Mais ils relèvent en réalité d'une économie de capture qui matérialise la réapparition des principes infocapitalistes : on propose du gratuit pour attirer et capturer des usagers et les vendre ensuite à des annonceurs ou les valoriser en Bourse. Poussée à l'extrême, cette économie ne peut durer et se développer que si elle *détruit* les biens communs.

Il existe en réalité un continuum. Google par exemple se situe dans un espace intermédiaire, avec un mélange de respect du bien commun de l'équité d'Internet et de valorisation publicitaire et boursière. Et c'est l'existence de ce continuum qui rend difficile de définir et de décrire les différents modes de développement d'une « économie associée à la gratuité des échanges et aux biens communs ». C'est pourquoi les références faites, dans la suite de cet ouvrage, à cette nouvelle forme d'économie se situeront, pour simplifier, dans l'optique des valeurs émergentes des média des masses et d'un écosystème sociétal d'échanges non économiques.

Radio et télé gratuites : la percée du podcasting et de la P2P TV

Cette économie de la gratuité s'applique aussi à la marée montante du podcasting. Face au son tel que nous le connaissons dans le modèle classique, le podcasting explose. Avec la radio sur Internet, la radio HD (radio à haute définition avec son de qualité CD), la radio numérique par satellite et bientôt la SDR (Software Defined Radio) – une technique révolutionnaire qui permet désormais à tout objet électronique de devenir récepteur radio (lecteur DVD, console de jeux, magnétoscope, téléviseur, téléphone...) –, une palette d'outils puissants est offerte aux pronétaires.

La révolution du podcasting se fonde principalement sur deux tendances profondes : la prolifération des blogs, dont certains deviennent des stations de radio virtuelles, et la popularité croissante des lecteurs MP3, au premier rang desquels l'iPod d'Apple. Dans ce contexte, n'importe qui peut imaginer son programme audio personnel et le réémettre librement sur Internet, comme on l'a vu p. 48-49. De plus en plus d'amateurs créent ainsi leur radio personnalisée sans avoir à demander à l'ART (Autorité de régulation des télécommunications) le droit d'émettre à partir d'une fréquence propriétaire. La France est un des pays au monde où le podcasting se développe le plus rapidement.

Des foules croissantes de pronétaires, sans licence, sans fréquence, sans émetteur ni antenne, sont en train de court-circuiter toute l'industrie de la radiodiffusion. Principale raison : la radio numérique se développe à grande allure, à partir du Web, des satellites et des mobiles. La qualité de diffusion permet d'enregistrer les émissions en MP3, de les stocker sur son PC puis de les rediffuser par le Net à ses auditeurs. L'avantage pour ces derniers est qu'il ne leur est plus nécessaire de se connecter à des heures précises pour capter leur programme favori. Il leur suffit de l'enregistrer, même automatiquement en utilisant un abonnement RSS, puis de l'écouter quand ils le souhaitent, en tout lieu, qu'il s'agisse de musique, de reportages, de news ou de chroniques de livres.

Ainsi, Brian Ibbott, un DJ de Denver, a lancé début 2004 en podcasting un show de 30 minutes de musiques très populaires qu'il avait sélectionnées, intitulé Coverville. Son programme a été aussitôt suivi trois fois par semaine par 9000 « auditeurs » qui le téléchargeaient sur leur iPod et l'écoutaient à loisir. Un an plus tard, il existait 3500 podcasts de ce type. En septembre 2005, leur nombre atteignait 5800 ! Même les média classiques ou les grandes organisations suivent le mouvement : la BBC, Fox News, la Maison-Blanche, IBM, CNN, *Business Week* ont ouvert des podcasts. Le meilleur moyen de gagner de l'argent à partir d'un podcast est de l'ouvrir à des annonceurs ou à des sponsors. On estime que dans quatre ou cinq ans 12,3 millions de foyers américains utiliseront leurs lecteurs MP3 pour écouter des émissions en podcasting.

L'existence de radios portées par les habitants d'un quartier ou une association n'est pas nouvelle. C'est ce que l'on appelle les radios communautaires ou associatives, très présentes en Amérique latine et en Afrique et regroupées au sein d'une association mondiale, AMARC. Cependant, avec l'arrivée d'Internet, ce mouvement sort de sa relative marginalité. Non seulement les radios en question peuvent émettre bien au-delà du périmètre limité par leur fréquence en étant retransmises via le Web, mais surtout elles sont rejointes par de nouveaux créateurs de radios, attirés par la simplicité technique et la puissance des outils.

Le phénomène devient ainsi réellement massif. On comprend que les majors de la radio commencent sérieusement à s'inquiéter de cette révolution pronétarienne. En février 2005, Viacom a annoncé une réduction de ses investissements dans sa filiale radio Infinity Broadcasting Corp. en prévision de rentrées financières réduites pour les années à venir. Pratiquement au même moment, le géant Clear Channel Communications, la plus grande chaîne américaine de radio, réalisait un *writedown* de 4,9 milliards de dollars sur ses rentrées anticipées de licences.

Cela ne signifie pas que la radio soit morte. Elle devra s'adapter pour réduire la publicité invasive ainsi que l'homogénéité des programmes musicaux et des hit-parades poussés par les grandes majors de la musique, mais elle continuera de captiver plusieurs centaines de millions d'auditeurs par semaine dans le monde. Toutefois, l'industrie de la radio, qui a été pendant une grande partie du siècle dernier le symbole du « réservé aux membres du club », deviendra une industrie de l'« ouvert à tous ». Il lui restera à retrouver le chemin des bénéfices et de la croissance…

La télé numérique fonctionnera selon le même principe. N'importe quel PC ou PDA possédera des capacités de retranscription. L'image qui apparaîtra sur ces petits écrans pourra être retransmise sur un écran plus grand et plus confortable au moyen des nouvelles technologies sans fil. Dans le même esprit que les blogs, vlogs, wikis, journaux citoyens et autres podcasting, une télévision de média des masses va voir le jour. La télé classique est morte, vive la télé du futur ! Parmi les changements globaux que les citoyens d'aujourd'hui sont en train de vivre, les transformations qui vont affecter *leur* télévision seront sans doute celles qui les concerneront le plus.

Qu'il s'agisse du texte, du son, de l'image ou de l'expertise, les média des masses ont déjà commencé à contrebalancer les modèles économiques classiques en en faisant émerger de nouveaux. Le modèle actuel de la télévision est lié à un système de production, de distribution et de consommation. Son organisation est pyramidale : la diffusion s'effectue de « un vers beaucoup » (1VT), avec un mode de rémunération provenant principalement de la publicité, la part du financement public étant chaque fois plus marginale. Ce qui revient à envoyer des audiences vers des annonceurs plutôt que des contenus vers des audiences.

Ce modèle va progressivement être brisé par celui du *anytime, anywhere, any support* (n'importe quand, n'importe où, n'importe quel support). La télévision de demain permettra soit de suivre un programme en direct (télévision dite « de flux »), ce qui nécessite d'être synchronisé avec les horaires des programmes de diffusion, soit de l'enregistrer pour le regarder plus tard – deux possibilités qui existent déjà aujourd'hui –, soit encore de retrouver des émissions archivées grâce à des moteurs de recherche vidéo (télévision dite « de stock »). Les infos, les films, les actualités, etc., seront en effet stockés sur d'énormes bases de données, ce qui permettra de les voir ou de les revoir au moment de son choix. Cela serait impossible sans trois technologies : la compression d'images, le haut débit et la télévision par câble, Internet ou satellite.

La nouvelle télévision du « n'importe quand, n'importe où »

S'ajoute à cela une nouvelle technologie de diffusion personnalisée (*beaming*), déjà utilisée dans des salles de spectacle professionnelles, mais qui va sans doute s'étendre aux salles de spectacle privées, les *home cinemas*. Avec elle, la diffusion s'effectue soit par satellite, soit par WiMax (sur abonnement). Le film numérisé est téléchargé directement sur le projecteur numérique du home cinema, équipé d'un système de réception. On pourra ainsi louer son film pour la soirée ou le week-end directement sur le Net, comme on le fait aujourd'hui avec des cassettes vidéo ou des DVD dans des boutiques robotisées mais auprès desquelles il faut encore se rendre physiquement.

Cette nouvelle télévision du *anytime, anywere* constitue un important défi pour les détenteurs de contenus, c'est-à-dire ceux qui produisent des programmes ou achètent le droit de diffuser des émissions à certaines heures. Les achats de droits ne seront plus seulement amortis sur une population de téléspectateurs captifs, mais sur une multitude de petits groupes qui, en des temps et des lieux différents, loueront ce qu'ils voudront regarder sur différents types de supports.

Ces changements d'attitudes et d'habitudes vont rendre nécessaire de modifier les formats mêmes des programmes de télévision. Au lieu des classiques 3, 6, 12, 26, 52 ou 90 mn, les formats se feront plus courts, parfois de quelques minutes seulement, afin de s'adapter à une consommation sur téléphone portable ou PDA. Le schéma traditionnel reliant cinéma, production télévisuelle et diffusion de films entrecoupés de publicité sur les chaînes de télé est menacé de disparition. Aux États-Unis, les entrées payantes (box-office) ne représentent déjà plus que 25 % des recettes. Les 75 % restants proviennent des ventes de DVD, des droits internationaux, des licences pour parcs à thèmes et des produits dérivés, qui font le succès des *Star Wars* et autres *Jurassic Park*.

On peut également utiliser les réseaux du Net en P2P comme on l'a fait pour la musique. L'ordinateur devient alors un réseau miroir qui répercute l'information envoyée à quelqu'un d'autre. La qualité est excellente puisque le PC relais corrige les écarts et les bits d'informations parasites qui risquent de perturber l'émission ou la réception. Grâce à des logiciels gratuits et très simples d'utilisation tels que BitTorrent, par exemple (voir p. 54-56), la télé en P2P se répand comme une épidémie virale. On peut soit la transformer en système gratuit, soit coder le « virus » de telle sorte que, lorsqu'il est répercuté de serveur en serveur, il faille payer pour décrypter l'information et lire le film. Si l'on relie cette télévision du futur au système RSS (qui permet de mettre à jour son blog), plus besoin d'être abonné ou de lire le programme pour être informé qu'une émission a changé quelque part dans le monde. Les « agents intelligents » filtrants sont justement là pour éviter que l'on se retrouve submergés.

Cette télévision sera complémentaire de la télévision classique et les deux vont vraisemblablement cohabiter un certain temps. D'un côté, une télévision de masse, de grande audience, qui s'adresse à ceux qui ne souhaitent pas (ou ne savent pas) utiliser les moteurs de recherche vidéo et les agents filtrants qui iraient chercher pour eux des programmes sur le satellite ou le câble – car tout le monde n'a pas forcément envie d'être libre de choisir parmi une multitude de programmes, et ceux qui voudront être guidés continueront de zapper sur les émissions classiques. De l'autre côté, la génération montante, habituée à Internet, aux jeux vidéo et à la téléphonie interactive, qui souhaitera trouver sur les réseaux plus de qualité à travers des émissions spécifiques destinées à leur groupe. Certains experts estiment que d'ici trois ans le stockage de la totalité d'une saison de télévision, soit plus de 1 500 films, coûtera seulement 120 euros !

Grâce à la combinaison de mémoires puissantes, du haut débit, de la compression de données et des moteurs de recherche vidéo, les utilisateurs disposeront de banques de données riches et variées. Le défi majeur sera alors de trouver le temps pour tout consommer sans se laisser submerger par cette offre pléthorique, risquant de constituer une nouvelle forme d'infopollution. Peut-être que des agents intelligents, programmés selon les goûts et les centres d'intérêt des utilisateurs, proposeront de manière proactive les programmes répondant à certains critères précis de sélection. Une sorte de complicité, voire de « symbiose », s'instaurera alors progressivement entre eux et leurs utilisateurs, dont ils connaîtront tout ou presque du caractère, des loisirs, des soucis, des goûts…

Cependant, à côté de ces outils, le besoin de nouveaux médiateurs humains, capables d'aider l'utilisateur à faire le tri, à évaluer, à hiérarchiser, à valider, à organiser l'information, va se faire sentir de façon croissante. Une classe d'intermédiaires (des «infomédiaires») est en train de se constituer : ni journalistes, ni personnes de pouvoir, ils contribueront demain à façonner l'opinion publique en étant identifiés par les utilisateurs comme des référents.

Un nouveau défi pour la publicité traditionnelle et les annonceurs

Un des grands mass média traditionnels est la publicité. Certaines des nouvelles technologies pronétariennes sont en train de s'attaquer à son modèle de base. Ainsi, le DVR (Digital Video Recording), dont le plus populaire est Tivo, aux États-Unis, a déjà commencé à s'infiltrer dans le grand public. Il s'agit d'un disque dur qui permet d'enregistrer ses émissions préférées tout en «zappant» automatiquement la publicité. Dans la mesure où le modèle classique de la télévision dépend presque entièrement des recettes provenant des annonceurs, le DVR introduit un véritable bouleversement. Comme la «nanopublicité» ou le *nanoadvertising* sur Internet, la publicité à la télévision va être de plus en plus ciblée sur des clientèles spécifiques et diffusée en des lieux eux aussi spécifiques. Les modes de consommation de la télévision vont totalement changer. Au lieu d'avoir un rendez-vous à heure fixe, comme c'est le cas pour le JT de 20 heures, on pourra emporter sa télé avec soi et la regarder quand on veut, où l'on veut.

Pourtant, alors que la tendance dans la société de l'information est à la publicité personnalisée, niche par niche, marché par marché, la publicité continue de se faire de manière pyramidale. Les annonceurs commencent toutefois à s'apercevoir que la montée des média des masses correspond à l'émergence de niches de marché spécifiques (les amateurs de tel style de musique, de tel type de voyage, de tel sport...) ; ils découvrent aussi que les messages publicitaires très ciblés sont plus efficaces que les campagnes massives non différenciées...

La publicité est en train de se déplacer des mass média traditionnels vers les média des masses. Aujourd'hui, 41 % du budget publicitaire des grands annonceurs sont consacrés à une publicité particulièrement ciblée, appellée nano- ou micro-advertising. En d'autres termes, mieux vaut investir dans une publicité ciblée garantissant un rendement important sur une série de niches, avec des effets amplificateurs, plutôt que d'« arroser » massivement les foyers, juste avant le journal télévisé de 20 heures ou une émission en *prime time*, avec un spot qui sera noyé dans une marée d'autres spots vantant les mérites de dizaines d'autres produits.

La micropublicité constitue un changement profond qui remet en cause le modèle économique traditionnel des mass média. Les grands mass média justifient le tarif prohibitif de la publicité diffusée aux heures de grande écoute en se fondant sur le fait que plus les téléspectateurs seront nombreux à voir un spot, plus les chances de vendre massivement seront importantes. Les publicitaires pensent encore que plus le média est important, plus la chance de toucher la « ménagère de moins de 50 ans » l'est également. Ce système va continuer de fonctionner parce que les téléspectateurs seront toujours demandeurs d'une télévision qui les rassemble autour d'émissions en direct proposant des émotions fortes (grands événements sportifs, cérémonie d'ouverture des Jeux olympiques, catastrophes naturelles, discours déterminants de nouveaux leaders politiques...). Mais le prix des spots – de moins en moins justifié dans le contexte de la micropublicité – va forcément diminuer.

Aujourd'hui, la publicité en vidéo sur Internet représente pour les annonceurs un budget global de seulement 198 millions de dollars, ce qui financerait à peine un jour et demi de pubs télévisées classiques, lesquelles représentent un montant total de 48 milliards de dollars ! Mais tous les grands annonceurs se réorganisent pour entrer dans le secteur de la publicité par courtes séquences vidéo sur le Net. En effet, le taux de croissance des vidéos publicitaires sur Internet est aujourd'hui supérieur à celui, pourtant explosif, de la publicité sur Internet telle que la pratique, par exemple, Google Ads. Selon l'agence eMarketer Inc., cette croissance sera de 33,7 % en 2005 pour atteindre un marché de 12,9 milliards de dollars.

Certains problèmes persistent – notamment les images ne sont pas encore de bonne qualité et tous les navigateurs ne sont pas correctement configurés pour recevoir de la vidéo à haut débit. Mais les avantages sont considérables : l'annonceur sait que vous avez trouvé sa publicité et garde une trace de ce que vous faites sur son site minute par minute (quel programme vous avez regardé, quel autre vous avez « zappé »...). De plus, les séquences vidéo Internet sont peu coûteuses à produire : une fraction des quelque 300 000 euros nécessaires pour fabriquer un spot TV standard de 30 secondes. À titre d'exemple, le géant McDonald's, qui dépensait il y a quatre ans 80 % de son budget sur la télévision en *prime time*, en utilise aujourd'hui moins de la moitié sur ce secteur et concentre le reste sur de la micropublicité, en particulier sur Internet.

La clé du succès consiste évidemment à conduire (forcer ?) les internautes à regarder ces publicités. Pour cela, les annonceurs qui ont compris la nouvelle culture du Web mettent en œuvre une synergie entre la pub TV classique, qui donne envie d'aller plus loin, et la pub vidéo sur Internet, qui permet non seulement d'approfondir un sujet, mais de créer des liens *one to one* avec le consommateur. Ainsi, les gens paieront moins cher la publicité de masse dont le taux de retour n'est pas démontré. Le nanoadvertising, mais aussi le *narrowcasting* (au lieu du *broadcasting*) vont progressivement changer le modèle économique traditionnel des mass média.

La question est de savoir comment réagiront les pronétaires à cette réadaptation des infocapitalistes. Certains amateurs produisent déjà des publicités détournées, largement partagées sur Internet à partir de sites qui rassemblent les meilleures. Des concours dotés de prix existent sur le Web. Mais leur arme secrète résidera sans doute dans les nouveaux logiciels permettant de composer un vrai spot de pub de qualité professionnelle en créant, par juxtaposition de modules prédéfinis, une séquence de la longueur souhaitée. Quelques opérateurs proposent déjà des services clés en main permettant à un maire de tourner sa vidéo à destination de ses concitoyens (TéléNetCité, de France Télécom) ou à un gîte rural d'assurer sa promotion… Grâce à des initiatives comme Google Ads, qui renvoie des revenus en fonction du nombre de clics sur une annonce placée sur un site Web ou un blog, les pronétaires pourront amortir leur investissement en ligne ou même, selon les cas, réaliser des bénéfices. On verra ainsi des publicités « professionnelles », identiques à celles réalisées à des coûts de plusieurs centaines de milliers d'euros mais pouvant être produites par des pronétaires utilisant des logiciels comme ceux de VisibleWorld.com. Il faut donc s'attendre à une explosion de créativité dans cette nouvelle forme de publicité des média des masses.

De nouveaux modèles de gestion de la relation clients

La rétroaction sociétale (ou *citizen feedback*), correspondant à la réponse simultanée de millions de personnes par l'intermédiaire des réseaux de communication, a été décrite dès 1975 dans *Le Macroscope*[1]. Généralisée aujourd'hui grâce aux outils dont nous venons de parler, elle montre que l'information client « en retour », devient stratégique pour les producteurs. Les entreprises qui ne tiennent pas compte des « nouveaux conseillers » que représentent leurs consommateurs sont condamnées à terme. En revanche, celles qui sont réceptives aux capacités d'innovation et aux demandes personnalisées des clients (eBay, Amazon.com, Expedia...) sauront évoluer et s'adapter. De grandes entreprises internationales telles que

1. Joël de Rosnay, *Le Macroscope*, Seuil, 1975.

L'Oréal, Shiseido ou certaines banques et compagnies d'assurances ont déjà pressenti qu'elles pouvaient tirer parti d'une meilleure écoute des média des masses (en consultant les blogs, voire en créant leurs propres blogs) et obtenir un retour d'information bien supérieur à tout type d'analyse ou de sondage d'opinion. Surtout, les grands acteurs commerciaux de l'Internet seconde génération ont abandonné la publicité traditionnelle, *on* ou *off line*. Ils privilégient le marketing viral, dans lequel le meilleur annonceur est le client. Sur Amazon, par exemple, le consommateur remplit une mission d'évaluation volontaire en commentant ses achats sur le site de l'entreprise, orientant ainsi les choix des autres acheteurs (voir p. 194-195).

La nouvelle façon d'envisager la publicité est également à l'origine de nouveaux modèles de commercialisation et de gestion de la relation clients (CRM en anglais ou GRC en français) qui bouleversent les repères des annonceurs. Jusqu'à présent, l'unique modèle du marché industriel était le suivant : un producteur fabrique une série de produits (ou services). Il réalise des études de marché afin d'être certain que son niveau de production correspond à une demande potentielle. Il génère de la publicité de masse pour faire connaître ses produits et toucher le plus de prospects possible. Il organise également un vaste réseau de distribution pour que ses produits touchent un public situé dans des zones géographiques identifiées. Le producteur engrange éventuellement des bénéfices grâce à ces ventes passives de produits standard, mais il ne connaît ni ses clients, ni leur devenir. Le consommateur, lui, se rend dans une grande surface ou dans un magasin spécialisé. Il règle ses achats en cash ou avec une carte bancaire. Après une attente généralement assez longue, il retire enfin ses acquisitions au guichet réservé au retrait des achats. Le vendeur comme le producteur ignorent donc tout de cet acheteur, à l'exception de ce que leur indique la transaction réalisée par carte de crédit. Cette logique s'applique à l'automobile, aux appareils ménagers, aux produits pharmaceutiques…

Désormais, avec Internet, le producteur peut consulter l'historique des acheteurs et des visiteurs ayant consulté son site Web. Il peut savoir qui ils sont, ce qu'ils recherchent, ce qu'ils préfèrent… Il est à l'écoute. C'est la base de la gestion de la relation clients. Grâce à l'e-mail multimédia, aux sondages d'opinion, aux *cookies* (moins éthiques mais tout aussi efficaces), au *profiling*, on peut connaître les sites que les gens sont allés visiter et ainsi leur proposer les produits les mieux adaptés à leur recherche et à leurs goûts.

Dans le contexte de la société de l'information et de l'émergence des média des masses, la relation traditionnelle producteur/consommateur laisse peu à peu la place à une relation prestataire/abonné. Désormais, le prestataire vend un droit d'accès, comme l'appelle Jeremy Rifkin dans son livre majeur *L'Âge de l'accès*[1]. Les producteurs ont compris que le plus important pour eux n'était pas d'obtenir une simple marge financière sur des millions de clients, mais de fidéliser ces millions de clients, de les rendre captifs pour les suivre et leur

1. Jeremy Rifkin, *L'Âge de l'accès*, La Découverte, 2000.

proposer de nouveaux produits, de nouveaux services ou des mises à jour. C'est le modèle de Microsoft, qui vous contraint à acheter les mises à jour de ses licences, des opérateurs de télécoms, qui vous piègent dans des forfaits compliqués et difficiles à résilier... Vous pouvez payer plus puisque vous êtes un client identifié, que vous avez signé un contrat sur lequel figurent votre numéro de téléphone, votre police d'assurance, votre carte de fidélité, votre numéro de carte de crédit ou votre relevé d'identité bancaire. Fort de ces renseignements, le producteur a intérêt à vous encourager à renouveler vos abonnements, forfaits, mises à jour. D'autant que la copie numérique ne coûte pratiquement rien. En revanche, un nouveau consommateur représente une marge bénéficiaire considérable. La plupart des sociétés qui réussissent le mieux dans la nouvelle nouvelle économie possèdent d'importantes listes d'abonnés, autrement dit des clients captifs.

Certaines tentatives qui ont échoué sont intéressantes à étudier. Ainsi, il y a environ cinq ans, trois entreprises suédoises, Volvo (automobile), Ericsson (téléphonie) et Télia (télécommunications) ont fait un pari original : offrir une petite voiture à certains des abonnés à leur nouveau service, en leur promettant également qu'ils bénéficieraient d'un accès gratuit à Internet. Le bénéficiaire ne devait payer que les services liés aux voyages (DVD pour les enfants, fonctions supplémentaires de sécurité, cartes GPS, etc.). Pour que l'expérience soit rentable, il aurait fallu que les utilisateurs téléchargent suffisamment de services payants pendant des durées assez longues. Cela n'a pas été le cas, d'où l'interruption de ce système. Mais le modèle était intéressant (pour les prestataires…) dans la mesure où il cherchait à créer une relation de dépendance entre les usagers et leurs outils ou équipements, générateurs de flux de revenus dans la durée.

Certes, les infocapitalistes adaptent leurs stratégies aux développements d'Internet et de l'économie de la gratuité. Mais les puissants outils et le fourmillement des usages inventés par les pronétaires les conduisent à opposer aux réseaux de pouvoirs en place le nouveau pouvoir des réseaux.

Chapitre 4

Des réseaux de pouvoir au pouvoir des réseaux : naissance de nouveaux modèles économiques

Le contre-pouvoir des pronétaires inverse les rapports de forces traditionnels fondés sur la rareté

Les pronétaires sont en train d'inverser les rapports de forces traditionnels. Nous l'avons vu, ils disposent des mêmes outils que les professionnels tout en ayant la capacité de se connecter en réseau immédiatement et de manière fluide. On se connecte, on se déconnecte, on se rassemble physiquement à un moment donné pour une mission précise, ce qui crée des réseaux d'intelligence collective. Des groupes peuvent se constituer, se dissoudre, se reconstituer, se donner rendez-vous pour des manifestations de rue, décider d'appeler à boycotter certains produits ou bloquer des stations émettrices en envoyant des millions de mails ou d'images. On a déjà assisté à de telles actions. Face à cela, les structures lourdes et pyramidales des professionnels traditionnels ne permettent pas de répondre avec suffisamment de réactivité. Lors des derniers grands votes en France, le rôle des nouveaux média des masses (SMS, IM, e-mail…) a été déterminant. Les citoyens ont pu très vite diffuser des informations, bien avant les journalistes, limités au courrier des lecteurs reçu par la poste…

Le nouveau pouvoir en train de se constituer, encore embryonnaire, crée ainsi un changement d'équilibre des forces. Non seulement entre les média classiques et les média émergents, mais également entre les structures politiques, industrielles, les institutions traditionnelles et les nouvelles structures civiles citoyennes. Dans le mode « tous vers tous », les modèles économiques que l'on connaît, fondés sur la gestion de la rareté, ne s'appliquent plus. La gestion de la rareté s'est progressivement transformée en un modèle économique de pouvoir qui revient à *créer* de la rareté de façon à générer du profit. Cette création de rareté s'observe aujourd'hui dans de nombreux domaines : ce sont par exemple les vectorialistes qui réclament des mesures juridiques à l'encontre des internautes téléchargeant gratuitement de la musique sur Internet, afin de forcer les utilisateurs à passer par les majors incontournables de la musique.

Or ceux qui créent de la rareté provoquent deux phénomènes complémentaires : ils introduisent en même temps la peur et la désinformation. La peur est la peur de manquer, ou, indirectement, la peur de ceux qui risquent de vous faire manquer de ce dont vous avez le plus besoin (terroristes qui sabotent les installations pétrolières, l'eau potable ou les grandes communications aériennes, attaquent les lieux de loisir ou de tourisme, par exemple). Les grandes entreprises, comme dans l'industrie pharmaceutique, créent un certain type de désinformation, par exemple en discréditant les propriétés de produits naturels connus pour diminuer la tension artérielle ou le taux de cholestérol afin de favoriser la vente des *blockbusters*, ces médicaments largement répandus qui génèrent des chiffres d'affaires de plusieurs dizaines de milliards de dollars (tranquillisants, somnifères, produits antihypertension ou anticholestérol...).

Dans l'optique infocapitaliste et vectorialiste traditionnelle, pyramidale, où quelques-uns se partagent le pouvoir, créer de la rareté est vital. Les grands pouvoirs fabriquent artificiellement des manques de manière à ce que les usagers ne puissent avoir accès aux produits et services dont ils ont besoin qu'en passant par leurs circuits et chaînes de commercialisation. C'est le cas par exemple de l'énergie, et en particulier du pétrole : une douzaine de grandes compagnies pétrolières contrôlent l'ensemble de l'énergie mondiale. Le manque est dans ce cas créé par l'organisation coordonnée de l'excès de consommation. Même situation dans la haute finance internationale : quelques organismes financiers détiennent le pouvoir d'agir sur les taux d'intérêt, et même sur la Bourse. Le modèle est identique dans la communication, le commerce de l'art, de la drogue ou de l'armement...

Comme le dit très bien Michel Serres, nos sociétés modernes sont « des sociétés de la mise en scène de la peur». Le journal télévisé de 20 heures s'appuie, pour créer de l'audience, sur la quantité de morts et sur des faits divers relatés avec force détails : actes de terrorisme, feux de forêt, inondations, catastrophes aériennes, accidents de la route, désastres écologiques, scandales financiers, etc. Cette mise en scène profite non seulement au monde médiatique mais aussi aux mondes politique et juridique, qui ont besoin, pour exister, de susciter directement ou indirectement une peur permanente afin de pouvoir proposer des plans pour y remédier. Ainsi, la gestion de la rareté va de pair avec celle de la peur. Toutes ces peurs, alimentées quotidiennement par les grands canaux d'information, contribuent à faire pression sur les citoyens et à les obliger à accepter des contraintes de plus en plus sécuritaires, ou encore à passer par les vecteurs de distribution des entreprises les plus puissantes.

De la gestion de la rareté à celle de l'abondance

Depuis quelque temps le paysage change. Le public croit de moins en moins aux messages des vectorialistes et fait de moins en moins confiance aux média traditionnels. Chaque jour, des journaux multimédia en ligne, les journaux citoyens, se créent un peu partout sur la planète. De plus en plus de sites Web et de blogs proposent aux internautes d'écrire leurs propres articles et de concurrencer les journalistes professionnels. La gestion de la rareté est progressivement remise en cause par la gestion de l'abondance. «Abondance» est un mot particulièrement difficile à prononcer dans un monde où

60 % de la population des pays en développement vit au-dessous du seuil de pauvreté[1]. Mais de fait nous sommes entrés, avec la société de l'information, dans l'ère de l'abondance numérique. Alors que l'ère de la société de l'énergie est fondée sur le *zero sum game* (le jeu à somme nulle : si je donne mon argent ou un bien matériel, je le perds) de la « théorie des jeux » utilisée en économie, l'ère de la société de l'information repose sur le stockage et la circulation de flux numériques (images, textes, sons, monnaies...). C'est le *non zero sum game* (le jeu à somme positive : je peux enrichir l'autre sans m'appauvrir). Selon la théorie des jeux, ce que j'ai, je le conserve. Dans ce système, l'internaute qui enregistre une musique peut créer de la valeur ajoutée en la transformant et en la rediffusant.

La valeur ajoutée classique se crée de manière linéaire : un produit brut se transforme en produit semi-fini, puis en produit fini. Dans la société de l'information, non seulement le numérique ne se perd pas, mais sa vie se poursuit. À la différence de ce qui se passe dans la société de l'énergie, dans la société de l'information le fait de donner quelque chose en confère la propriété au bénéficiaire mais n'en dépossède pas celui qui donne. Cela produit un effet boule de neige, un effet *win win* (gagnant-gagnant) : l'information reçue peut être une information investie qui va servir une nouvelle fois, ailleurs, via d'autres sources. Ainsi, dupliquer du numérique ne coûte pratiquement rien. Les machines

1. En France, le Conseil de l'emploi, des revenus et de la cohésion sociale estime à un million le nombre d'enfants vivant au-dessous du seuil de pauvreté.

automatiques permettent de dupliquer à l'infini un original auquel tout le monde peut avoir accès. Il est difficile, sur le Net, de savoir si un auteur de musique ou de vidéo est un auteur original ou s'il a emprunté des éléments vidéo ou musicaux à un autre. La valeur ajoutée de ce système se situe dans la création, l'innovation, l'invention, même si le résultat est une combinaison d'éléments qui existent déjà. Elle est importante dès lors que se crée une synergie entre plusieurs niches et entre plusieurs effets qui se cumulent, s'amplifient, ou s'autocatalysent : ce qui est alors engendré, c'est de la « valeur ajoutée matricielle par synergie de niches ».

L'effet autocatalytique du développement de l'information signale l'ère de l'abondance numérique. Les grands média et les grands pouvoirs traditionnels ne semblent pas encore avoir compris que l'abondance numérique va remettre en question le modèle économique classique de gestion de la rareté. Dans ce contexte, la notion de propriété intellectuelle attachée à la propriété territoriale, telle qu'on la connaissait jusqu'à présent, doit être appréhendée sous un autre angle. Pour Valérie Peugeot, de l'association Vecam[1], « l'abondance intrinsèque de l'information, devenue reproductible à volonté et à très faible coût grâce à la numérisation, rend inopérante toute tentative d'importer des règles venant de la propriété des biens matériels pour les appliquer au champ de la propriété intellectuelle. Ceux qui parlent de renforcement des droits de propriété intellectuelle s'inscrivent dans une course éperdue, et vraisemblablement sans

1. Vecam : Veille européenne et citoyenne sur les autoroutes de l'information et le multimédia (www.pronetariat.com/5).

issue, pour recréer artificiellement de la rareté par des mesures juridiques ou techniques[1] ».

Le modèle économique classique, celui qu'on nous enseigne à l'école, consiste à gérer la rareté de façon à ce que chacun en reçoive une petite part. Mais quand survient l'abondance – si par exemple l'énergie devient disponible de façon illimitée et bon marché, ou l'eau potable de bonne qualité et gratuite –, les données du système économique changent radicalement. De même que les industriels créent artificiellement un univers de rareté pour préserver leur monopole, les politiques et les élus, qui exercent le pouvoir pour une durée limitée, entretiennent à dessein une manière d'exercer le pouvoir qui en renforce la nature exclusive. De fait, il n'y a qu'un seul président de la République, un seul Premier ministre… Mais, au lieu de se vivre comme des animateurs de collectifs, des catalyseurs dans des processus coopératifs, ils se positionnent en décideurs ultimes, accentuant l'idée de rareté associée au pouvoir.

Le jeu des partis politiques consistera notamment à offrir à l'un ou l'autre d'entre eux l'appui nécessaire au bon moment pour vaincre ses adversaires. Le pouvoir ne se partageant pas, les leaders jouent la montre, le réseau, les rapports de forces, pour tenter de rester au sommet de la pyramide. Ils ressentent tout naturellement la montée des nouveaux pouvoirs, et particulièrement celui des média des masses, comme une menace, alors qu'il s'agit d'une forme d'expression démocratique, certes encore rudimentaire.

1. Valérie Peugeot *et al.*, *Enjeux de mots. Regards multiculturels sur les sociétés de l'information*, C&F Éditions, 2005.

Comment se crée la valeur ajoutée si elle ne provient pas de la marge réalisée sur le produit, mais sur l'usage ? Les consommateurs paient un abonnement pour utiliser un logiciel ou obtenir une mise à jour, pour télécharger de la musique, un nouveau jeu vidéo… Le but est de créer de la valeur en les fidélisant. Avec le Net et les média des masses, certaines niches peuvent se marier les unes avec les autres pendant un certain temps et créer ainsi une valeur supérieure « par effet de catalyse croisée ». Dans les années 1999 à 2001, on pensait que la nouvelle économie serait plus fluide, fondée sur les échanges numériques effectués grâce à Internet, qui aurait permis de payer des produits et de se les faire livrer en n'utilisant que le réseau. On croyait – à tort – que cette fluidité permettrait une telle rapidité de commande, de consommation d'information et de livraison que le commerce en serait bouleversé. On parlait alors d'« e-commerce ».

Ce mythe, entretenu par les investisseurs du capital-risque, et des mises en Bourse spectaculaires ont conduit au gonflement, puis à l'éclatement de la bulle spéculative financière d'Internet. En effet, en dépit de la vitesse électronique des échanges entre sites Web, des e-mails, des transactions par carte bancaire, le monde matériel résistait. Il fallait livrer, mais les embouteillages empêchaient les produits d'arriver en temps et en heure. On pouvait réserver des billets d'avion en payant par carte de crédit, mais cela ne garantissait pas que le vol n'aurait pas de retard. À l'époque, le conflit entre les mondes virtuel et réel a montré que l'heure n'était pas encore à la nouvelle économie fluide. Pour que le système fonctionne, il fallait aussi du *brick &*

mortar[1], des lieux physiques de rencontre et d'échange. C'est ce qu'ont compris des sociétés comme Amazon, eBay ou Expedia, qui, après avoir joué à fond la carte des activités dans le monde virtuel, ont su y concilier des activités dans le monde réel (de type logistique).

L'économie de la gratuité signifie, en réalité, que ce qui est gratuit est une sorte de « produit d'appel » pour inciter les consommateurs à payer ensuite un service (par exemple un abonnement à un journal en ligne, à la météo, aux cours de la Bourse, à un produit ultrapersonnalisé...). Si l'on cumule flux, gratuité et personnalisation, on comprend en quoi consiste la nouvelle nouvelle économie, permettant éventuellement de gagner de l'argent en marge du flux marchand traditionnel. Mais l'abondance de l'offre peut aussi créer une saturation des possibilités de choix. L'excès de produits, de services, d'opportunités, conduit à une société de surinformation et même de désinformation. D'où l'importance vitale pour les pronétaires de lutter contre l'infopollution pour extraire pertinence et signification des masses d'information brute.

Savoir lutter contre l'infopollution : la veille intelligente

Historiquement, au cours des siècles, nous sommes passés d'une société à dominante agricole à une société industrielle (société de l'énergie),

1. Terme anglo-saxon désignant les entreprises traditionnelles de l'ancienne économie construite « de brique et de mortier ».

pour atteindre finalement ce qu'on appelle communément la société de l'information. L'avènement de l'électronique, de l'informatique et le développement des télécommunications a naturellement marqué ce passage. La télévision par satellite et surtout Internet ont amplifié le phénomène de manière radicale ces dix dernières années. Cette brusque accélération a bouleversé les notions de temps et d'espace.

En conséquence, on constate une contraction croissante du temps nécessaire pour collecter, traiter et analyser les informations nécessaires à une prise de décision efficace. En revanche, il faut plus de temps pour filtrer, donner du sens, classer et diffuser cette information pléthorique. Car, en réalité, nous vivons dans une société de la surinformation et de la désinformation. L'ensemble des média véhiculent en permanence une masse de données difficiles à analyser, à valider, voire à comprendre. Les grandes entreprises qui, depuis des années, mettent en place des dispositifs plus ou moins perfectionnés de recherche d'informations, de *knowledge management* ou des cellules de veille ont été les premières à sentir le vent du changement.

Avec Internet, on assiste à une démocratisation progressive de ces processus, notamment dans les PME. Les entreprises sont donc de plus en plus confrontées à des problématiques de complexité dans leur gestion de l'information (surabondante, rare, peu fiable, manipulée...). C'est pourquoi elles sont obligées de mettre en place des méthodologies et des outils issus de l'intelligence économique. La même démarche existe au niveau individuel. Nous sommes quotidiennement bombardés d'informations dans lesquelles nous avons du mal à faire le tri, surtout lorsque nous tentons d'optimiser nos choix – même les plus anodins – en cherchant et en sélectionnant des informations sur Internet. C'est une des raisons pour lesquelles il devient indispensable pour chaque citoyen de disposer d'outils et de méthodes adéquats lui permettant d'identifier et de valider l'information, en complément du travail de tamis effectué par les « infomédiaires », les nouveaux relais d'opinion de la société de l'information.

Une méthodologie développée initialement par Cybion[1], société créée en 1996 par Carlo Revelli et l'auteur, avait pour but de permettre aux professionnels de prendre conscience du potentiel d'Internet et de sa richesse informationnelle, d'identifier les risques et les problèmes liés à l'information sur Internet, de maîtriser les principaux outils de recherche (moteurs, annuaires, agents intelligents), enfin de mettre en place des moyens efficaces d'identifier, de valider, de vérifier et de recouper les informations obtenues à partir du réseau (tant au niveau de la collecte d'informations quà celui de son traitement et de sa diffusion).

Aujourd'hui, l'objectif de Cybion est de démontrer que la recherche d'informations et la veille individuelle vont continuer de se développer et d'évoluer grâce à Internet. En d'autres termes, il

1. Cette méthodologie a été décrite pour la première fois en 1998 par Carlo Revelli dans *Intelligence stratégique sur Internet* (Dunod). Cet ouvrage avait pour objectif de permettre aux lecteurs d'optimiser leurs activités de recherche d'informations et de veille au sein des différentes « sphères » d'Internet (Web, forums de discussion, Web invisible, bases de données, etc.). Sur Cybion, voir son site : www.pronetariat.com/6

s'agit d'expliquer pourquoi Internet constitue un « accélérateur » favorisant le développement de l'intelligence individuelle (et non pas uniquement de l'intelligence économique). Il faut pour cela établir un parallèle entre l'entreprise (intelligence économique) et l'individu (intelligence individuelle) qui permettrait de vérifier si, confrontés à des problèmes en apparence similaires, les individus adoptent une démarche ou des solutions identiques à celles mises en œuvre par les entreprises[1]. L'objectif est notamment d'essayer d'étendre les principes de la science de l'information appliquée à Internet (sans les cantonner uniquement à l'univers de l'entreprise) et de promouvoir la recherche d'informations afin qu'elle devienne une discipline d'étude à part entière. La clé d'une telle approche, que l'on retrouvera dans le cadre du journalisme citoyen, consiste à informer le grand public des risques de la surinformation et de la désinformation en lui apprenant à les détecter et à les contrer, ainsi qu'en lui fournissant des outils efficaces pour trouver la bonne information et la valider en vue d'une prise de décision rationnelle et optimale.

En raison de ce « bombardement informationnel », il est plus que jamais indispensable d'observer la plus grande prudence vis-à-vis des informations que l'on nous communique, même si celles-ci proviennent de sources proches ou fiables.

---

1. Ce parallèle a été approfondi dans le cadre d'un doctorat de recherche effectué au sein du laboratoire de recherche du Cris-Series de Paris X dirigé par le professeur J. Perriault (Carlo Revelli, « De l'intelligence économique à l'intelligence individuelle : comment exploiter l'intelligence d'Internet », à paraître en 2006).

En effet, en dehors des cas de manipulation flagrante ou volontaire, personne n'est à l'abri d'informations fausses, même si elles paraissent vraisemblables.

La prolifération des média et des sources d'information ainsi que la difficulté liée au processus de « fiabilisation » font que désormais n'importe qui peut, même en toute bonne foi, être un vecteur de désinformation. Avec les informations colportées par Internet, le phénomène a atteint son paroxysme. Idéalement, il faudrait être « méfiant » vis-à-vis de toute information disponible sur le Web et disposer d'outils et de méthodes pour en vérifier la fiabilité et la pertinence. Cela n'est pas toujours ni réaliste, ni réalisable.

La profusion actuelle d'informations est telle que personne n'est réellement en mesure de contrôler l'authenticité des faits et des événements. Quand un fournisseur annonce, par exemple, qu'un produit n'existe plus, le client potentiel ne dispose pas toujours du temps ni de la motivation nécessaires pour vérifier ses dires. De la même manière, si un revendeur informatique annonce que telle carte vidéo est incompatible avec votre ordinateur, il faut vous en assurer sur Internet. Les combinaisons informatiques étant quasiment infinies, il est souvent impossible de proférer de telles assertions en toute certitude.

Au-delà des entreprises, ce qui va donc révolutionner les comportements individuels sur Internet, c'est bien cette attitude de « veilleur ». Elle consiste à garder les yeux ouverts pour se cultiver et s'enrichir, que l'on cherche à dénicher une information inédite, à vérifier une rumeur, à accroître ses connaissances, à forger ses croyances, à comparer les prix avant d'acheter un livre, à identifier le chirurgien qui a mis au point la dernière technique pour soigner une maladie rare... Cela dit, avoir un accès illimité aux informations ne signifie pas pour autant disposer d'un accès automatique au savoir, et, par conséquent, cela n'entraîne pas à coup sûr un « enrichissement personnel ». Encore faut-il disposer du bagage intellectuel et cognitif adéquat. C'est là tout le défi auquel sont confrontés les systèmes éducatifs du XXIe siècle.

Accessibilité, pertinence et fiabilité de l'information pronétarienne

De nombreux problèmes caractérisent les informations issues des nouveaux supports électroniques, tant au niveau de leur contenu que de leur pertinence et de leur fiabilité. Les adolescents, naturellement, sont les premiers concernés, puisqu'ils subissent directement les assauts qu'engendre une société dominée de façon croissante par les nouvelles technologies et par l'accès instantané à l'information. Dans une économie de plus en plus immatérielle, demeurent quelques paradoxes liés à l'information.

Comme le fait remarquer Charles Goldfinger depuis longtemps, « plus l'information est abondante, moins on dispose de temps pour la traiter, plus il y a de chances de mal interpréter les données disponibles et de manquer l'information pertinente. La seule solution est de s'immerger davantage dans le torrent de l'information. Ainsi se crée l'accoutumance informationnelle : on n'en a jamais assez, quelle que soit la quantité disponible. Or la richesse de l'information ne garantit nullement une utilisation plus intelligente. Sa prolifération même rend plus ardue l'identification d'éléments pertinents[1] ».

On arrive ainsi à une situation dans laquelle il y a trop de données mais pas assez d'informations pertinentes. Les données en elles-mêmes apportent une valeur ajoutée très faible. C'est à travers un minutieux travail de recherche, de recoupement, de validation, d'analyse et de synthèse que s'opère la « métamorphose » de milliers de données inutiles en un petit nombre d'informations pertinentes et fiables. C'est de cette manière que procèdent les services de renseignements dans le monde. Sans recoupement, contextualisation, rassemblement, l'information glanée sur le terrain est souvent inutilisable. Sur Internet, ce phénomène est encore plus marqué. En effet, face à un potentiel informationnel incontestable, demeurent toujours les quatre problèmes majeurs que Carlo Revelli avait décrits dès 1998[2].

L'information est difficilement accessible : tout expert le reconnaîtra : la recherche d'informations n'est pas toujours facile sur les réseaux et sur les bases de données en ligne. Sur Internet, c'est encore pire. L'extrême liberté qui est à l'origine du succès du Web dégénère parfois en anarchie complète. Aucun standard ni aucune réglementation ne sont imposés aux fournisseurs d'informations. Les différents

---

1. Charles Goldfinger, *L'Utile et le Futile. L'économie de l'immatériel*, Odile Jacob, 1994.

2. Carlo Revelli, *Intelligence stratégique sur Internet*, *op. cit.*

moteurs de recherche existants (Yahoo, MSN, Google…) peuvent réagir de manière différente à une même requête. Il se peut que neuf moteurs de recherche sur dix ne trouvent rien et qu'enfin, miraculeusement, le dixième donne un résultat. Parfois, il suffit de formuler à nouveau la requête pour que les autres moteurs fournissent de meilleures solutions. Très souvent, on renonce, convaincu que l'information recherchée n'est pas présente sur la toile…

En plus de ces problèmes liés à la recherche d'informations sur Internet, il ne faut pas oublier ceux qui sont inhérents à la difficulté d'accès à l'information. Comme le précise justement Jacques Perriault, « même si le grand public acquiert progressivement une habileté à employer les méthodes numériques, l'écart entre les potentialités des systèmes numérisés d'information et les compétences des utilisateurs ne s'est pas résorbé au cours des trente années d'usage, et bien au contraire, il s'est maintenu, sinon accru[1] ». L'utilisation d'Internet et des moteurs de recherche n'est pas forcément simple pour des personnes non averties.

L'information est trop abondante : le caractère pléthorique des informations obtenues se vérifie encore plus fréquemment. Il arrive souvent, pour une requête bien précise, que l'on trouve une infinité de résultats. C'est à la fois l'avantage d'Internet et son point faible, car toute requête génère presque toujours trop de ressources. Celles-ci, même si elles sont en relation avec le sujet, ne satisfont que rarement la demande, souvent très spécifique et pointue.

1. Jacques Perriault, *L'Accès au savoir en ligne*, Odile Jacob, 2002.

Trop abondante, l'information récoltée est aussi souvent peu pertinente. Aucun des moteurs existants n'est suffisamment perfectionné pour fournir des résultats réellement ciblés et en adéquation avec les besoins de l'utilisateur. Dans le meilleur des cas, l'information spécifique recherchée est noyée dans une masse d'informations plus ou moins intéressantes par rapport au sujet. Dans le pire des cas, elle peut ne pas être présente du tout... Cependant, rareté et surabondance constituent les deux faces d'un même problème.

L'information se renouvelle sans cesse : Internet est le média où l'écrit se renouvelle le plus. L'extrême facilité de publication fait qu'une information peut apparaître à tout moment dans n'importe quelle sphère d'Internet. La première difficulté consiste donc à surveiller les évolutions dans un domaine donné. C'est d'autant plus compliqué que l'information « récente » ne remplace pas toujours l'information « datée ». En effet, il arrive souvent que différentes versions d'un même document soient publiées à divers endroits sur Internet.

Le défi n'est donc pas uniquement de réussir à suivre le « rythme des news », mais surtout de ne pas se faire piéger par les informations périmées qui n'ont pas été supprimées. Aucun être humain n'a la capacité de suivre de manière exhaustive et précise l'actualité dans un secteur donné. Avec l'aide d'« agents intelligents », il pourra tenter d'y parvenir. On a vu que les fils RSS (voir p. 51 et suivantes), permettant de suivre les modifications et mises à jour qui interviennent dans des blogs, apportent un début de solution à ce problème.

L'information n'est pas toujours fiable : la fiabilité de l'information sur Internet revêt une importance cruciale. En effet, il se peut qu'après avoir passé plusieurs heures à rechercher une information on se rende compte que son origine n'est pas fiable. Hélas, cela arrive plus souvent qu'on ne le pense, sur le Web en général et sur les blogs en particulier. On bute sur le plus grand avantage/inconvénient d'Internet : l'extrême liberté qui y règne. Tout le monde peut s'y exprimer sans discrimination. N'importe qui peut développer une vitrine sur le Web, lancer son blog. Le meilleur et le pire sont intimement liés.

Encore plus dangereuses sont les fausses informations. Comment savoir qui dit vrai et qui dit faux ? Comment reconnaître ceux qui essaient de dissimuler le faux sous une apparence vraisemblable ? De plus, la même information peut se trouver sur d'innombrables sites, puisque sur les réseaux les informations peuvent être reproduites à l'infini. Comment connaître la source d'origine ? Comment vérifier que le contenu d'un document reproduit n'a pas été altéré ? Nous verrons par la suite quelles sont les principales méthodes à la disposition du pronétaire pour lutter contre ces désagréments.

La désinformation sur Internet a fait l'objet de nombreux articles et ouvrages. Comme le souligne justement Rémi Kauffer, « l'irruption d'Internet est en train de chambouler les méthodes traditionnelles de désinformation. Tout va très vite sur le Web, lui-même se développant à toute vitesse. […] Le danger existe. Ce n'est pas une raison pour se muer en "internoparanoïaques" mais, au contraire, un motif supplémentaire de comprendre que demain plus encore qu'hier il faudra apprendre à vivre entre vérité et mensonge. Si la désinformation a de beaux jours devant elle, il ne tient qu'à notre vigilance, à notre réalisme, à notre technicité même qu'elle ne déborde pas les limites de l'acceptable[1] ».

Même approche pour Vladimir Volkoff, qui était persuadé qu'« Internet est en passe de devenir, comme la langue d'Ésope, la meilleure chose du monde et la plus mauvaise, car l'utilisateur qui est renseigné par son écran se figure naturellement que les renseignements qu'il reçoit sont "objectifs". Loin de là [...]. C'est toujours vers les mêmes sites, les mêmes solutions, les mêmes entreprises que sont dirigés la plupart des "surfeurs", qui font rarement l'effort de chercher au-delà[2] ».

De l'intelligence individuelle au journalisme pronétarien

Internet semble être aujourd'hui à l'origine de nouveaux enjeux pour l'information et entraîner de nouvelles formes d'interactions. Chaque individu est en mesure de trouver sa place et de prendre activement part à la construction du Net, sans qu'interviennent les distinctions coutumières et particulières régissant le monde réel. En effet, la « hiérarchie sociale » semble atténuée et, à première vue, chacun peut participer, de manière anonyme ou non, de façon plus ou moins active, aux discussions dont les

1. Rémi Kauffer, *L'Arme de la désinformation*, Grasset, 1999.
2. Vladimir Volkoff, *Petite Histoire de la désinformation*, Éditions du Rocher, 1998.

forums, les chats, les newsgroups, les blogs sont les vecteurs ou outils les plus caractéristiques.

Les média traditionnels ont joué un rôle important pour asseoir la démocratie. Il semblerait que, dorénavant, ils soient contraints de s'adapter aux NTIC, dont les possibilités d'utilisation métamorphosent le paysage. L'accès gratuit à la presse en ligne (du moins, le plus souvent, à l'information du jour actualisée), grâce aux sites mis en place par la plupart des grands quotidiens, est un des nombreux éléments contribuant à créer un climat de concurrence. Le secteur traditionnel de la presse papier est inévitablement conduit à se diversifier. Or la tendance actuelle – afin que la presse en ligne ne soit pas la simple reproduction de ce qu'elle est sur le papier et acquière un certain avantage comparatif – est à la personnalisation de l'information. Celle-ci, techniquement, passe notamment par la possibilité de modeler son interface et ses rubriques favorites.

Cette évolution est illustrée par ce formidable outil d'expression, apparu au milieu des années 90 et tendant à se multiplier aujourd'hui, qu'est le blog (voir notamment p. 42 et suivantes). Le blog est en quelque sorte un carnet d'actualités, de faits et d'opinions mis en avant par son ou ses auteurs. S'il se rapproche du journal « intime » mais offert à tous, il est également particulièrement apprécié, et de plus en plus utilisé comme moyen de communication par les journalistes, les politiciens et les professionnels. Les blogs d'opinion s'appliquent à promouvoir des informations sous un angle subjectif : ils sont plus ou moins partisans et le revendiquent clairement.

S'il n'existe encore aucune étude faisant l'unanimité sur la mesure du phénomène des blogs en

Europe, on sait que 50 millions de visiteurs uniques surfaient sur les blogs au premier trimestre 2005 aux États-Unis (soit 30 % des internautes américains et 16 % de la population). Aujourd'hui, un blog s'y créerait toutes les 6 secondes, d'après Loïc Le Meur, PDG de SixApart Europe[1]. Lors de la dernière campagne présidentielle américaine, pour la première fois, les conventions des partis républicain et démocrate ont accrédité des blogueurs aux côtés des journalistes. Initialement accusés d'être de simples vecteurs de rumeurs, les blogs ont commencé à démontrer leur capacité à informer en forçant à la démission le journaliste vedette de CBS, Dan Rather, ou encore en couvrant la guerre en Irak.

Pour le juriste et blogueur américain Richard Posner, « accuser les blogs de manquer de mécanismes de contrôle comme le font certains journalistes traditionnels n'a pas beaucoup de sens. Il y a plus de garde-fous dans la blogosphère que dans les média traditionnels ; c'est juste qu'ils sont différents. [...] En fait, la blogosphère est une entreprise collective – non pas 12 millions d'entreprises distinctes, mais une seule entreprise disposant de 12 millions de rédacteurs, grands reporters et éditorialistes, et tout cela pour un coût presque nul. Comment les média d'information traditionnels peuvent-ils faire face à cette concurrence[2] ? ».

---

1. www.pronetariat.com/7
Voir aussi Loïc Le Meur et Laurence Beauvais, *Le Blog pour les pros. Communautés, fonctions avancées, publications*, Dunod, 2005.

2. Cité par *Courrier international*, « Pourquoi les média ont perdu la confiance de leur public », n° 781, 20-26 octobre 2005, p. 65. Voir aussi le blog de Richard Posner : www.pronetariat.com/8

En revanche, la sphère entrepreneuriale, intéressée par le phénomène, édite des blogs techniques, institutionnels, professionnels, c'est-à-dire des blogs centrés sur une thématique précise. Il est parfois difficile de déterminer s'il s'agit juste de partager ses connaissances sur le secteur ou le produit, ou si l'intention relève de la publicité déguisée et/ou du marketing offensif. Ces « blogs marketing » contribuent donc également à brouiller, voire à supprimer purement et simplement la frontière entre le fait et le commentaire.

Les média traditionnels anglo-saxons font pourtant de cette séparation une loi, en particulier dans la sphère de la presse professionnelle. L'article doit dans un premier temps présenter scrupuleusement les faits puis, dans un second temps, il est permis de les commenter. Nous remarquerons à titre anecdotique que, dans la presse française, le style narratif polémique hérité de la Révolution reste très prégnant. Le goût intellectuel pour l'analyse, l'envie du journaliste de faire figure d'essayiste expliquent que les articles n'isolent pas toujours les faits du commentaire critique.

Force est de constater que, pour le moment, les blogs français sont des blogs de commentaire, sorte de chambre d'écho des média classiques. Ils n'ont pas encore démontré de réelle influence, à la différence de ce qui est apparu à travers certaines affaires dans le monde anglo-saxon. Outre-Manche comme outre-Atlantique, le blog est en effet davantage un blog d'investigation, qui relie parfois de nombreux individus. Les ressources humaines rassemblées peuvent alors dépasser celles des média traditionnels, notamment celles de la presse locale. (À noter cependant que l'étendue de la communauté linguistique conditionne celle des réseaux d'individus concernés : la sphère anglophone regroupe une population plus nombreuse que la sphère francophone.)

Le phénomène du blog est d'ailleurs à rapprocher de nouvelles initiatives pronétariennes telles que les projets de journalisme citoyen ou « participatif », c'est-à-dire des sites qui éditent et centralisent des informations provenant d'individus – sorte de témoins/capteurs – qui proposent des articles, des images, de l'audio ou des vidéos. Le développement des blogs politiques ou d'actualité encourage cette forme de journalisme. Les internautes peuvent être témoins d'événements, ou recueillir des informations, des renseignements difficilement accessibles pour les structures journalistiques traditionnelles.

Le potentiel n'est pas négligeable : en terme de participation, ce genre d'initiative semble contribuer à promouvoir l'idéal démocratique. En théorie, il offre la possibilité de s'opposer à la désinformation ou au conservatisme des média traditionnels. Toutefois, le remède du « citoyen reporter » n'annule pas la possibilité d'une désinformation ou d'une « mésinformation » encore plus grande, car tous les individus ne possèdent pas la méthodologie, le recul critique du journaliste professionnel. Consulter des blogs d'amateurs pour avoir une idée des tendances de la société est une première approche – le blog est alors une source d'information brute, un reflet, un observatoire de ce qui se dit, de ce qui se fait dans la société. Aller chercher de l'information pertinente, « prête à l'emploi », travaillée et finalisée, en est une autre.

À ce titre, le projet de journalisme citoyen OhMyNews[1], lancé en Corée du Sud en 2000 par Oh Yeon Ho, est le plus abouti. Il s'est développé dans un cadre technologique et sociologique très favorable. En effet, ce pays connaît depuis plusieurs années un taux de pénétration de l'Internet à haut débit impressionnant dans un contexte de concentration des média très fort. L'impact de OhMyNews est loin d'être négligeable sur la vie politique nationale puisque, selon certains analystes, il aurait contribué à l'élection du président Roh Moo Hyun. Jusqu'à 20 millions de pages auraient été vues chaque jour au moment de la campagne présidentielle de 2002. Boosté par un slogan très percutant (*« Every citizen is a reporter »*), OhMyNews a été conçu dans le but de créer une alternative informationnelle libre aux média, qu'Oh Yeon Ho jugeait trop conservateurs et trop liés au pouvoir politique.

Le contenu de ce site d'informations en ligne est enrichi à 80 % par les contributions des citoyens en échange d'une modeste rémunération : une vingtaine de dollars pour les meilleurs articles, auxquels peut s'ajouter une sorte de « pourboire » octroyé par les lecteurs les plus généreux en fonction de la qualité de l'information. Contribution qui a parfois dépassé les 20 000 dollars ! OhMyNews a connu une croissance exceptionnelle, passant en cinq ans de 0 à quelque 40 000 citoyens reporters. Chacun d'entre eux reçoit un message très explicite au moment de son inscription sur le site : « Bienvenue dans le monde qui révolutionne la production, la distribution et la consommation de l'info. Dites

1. www.pronetariat.com/9 et www.pronetariat.com/10

bye-bye à la culture journalistique d'hier, celle du XXe siècle. » Une quarantaine de journalistes alimentent les 20 % de contenu restants et valident l'ensemble des articles soumis quotidiennement par la masse des citoyens reporters. En moyenne, OhMyNews reçoit environ 200 contributions quotidiennes, avec un taux de rejet inférieur à 30 %.

OhMyNews est bénéficiaire depuis 2002, d'une part grâce à la vente d'espaces publicitaires en ligne, d'autre part parce qu'il redistribue une partie de son contenu à d'autres supports. Des milliers de volontaires s'appliquent donc à faire circuler des informations et, parfois, révèlent de véritables scoops que les média traditionnels ne relaient pas, par exemple le scandale du versement par Hyundai de plusieurs centaines de millions de dollars à la Corée du Nord avant le premier sommet réunissant les deux Corée.

AgoraVox.fr, une des premières expériences européennes de journalisme participatif

Dans la même logique, le credo du site AgoraVox est : « Nous sommes tous des capteurs d'information. » En d'autres termes, chacun de nous est susceptible de constituer une source d'information : les blogueurs, les utilisateurs d'Internet, les simples citoyens, les associations, les journalistes… Tout citoyen est un reporter en puissance, un « capteur en temps réel ». Aucune agence de presse ne peut poster un journaliste à chaque coin de rue ! L'émergence des citoyens reporters est inéluctable, et les tragédies du tsunami, des attentats de Londres ou des cyclones aux États-Unis ont démontré la portée réelle du phénomène. Comment ne pas adhérer à la position de Martin Nisenholtz, patron du site du *New York Times*, persuadé que, « dans cinq ans, les média auront changé si profondément que les personnes informées chercheront auprès des blogs d'amateurs en qui ils ont confiance l'information dont ils ont besoin » ?

Aucune agence, aucun organe de presse, aucun logiciel ne pourra disposer du formidable potentiel que représentent des millions de personnes agissant en réseau.

Le projet AgoraVox, en France, se situe dans la perspective du journalisme citoyen tel que le pratique OhMyNews. Il ne revendique aucune appartenance politique, sociale, économique, culturelle ni religieuse, mais constitue l'une des premières initiatives européennes de journalisme citoyen à grande échelle et complètement gratuit. Le journaliste citoyen joue le rôle d'un veilleur qui, en raison de son environnement professionnel ou social, décide de remonter une information originale. Avec AgoraVox, le problème de la légitimité se pose moins car la pertinence et le caractère inédit de l'information président à la publication[1]. Ce média peut ainsi devenir une véritable caisse de résonance. Il semblerait en effet qu'Internet contribue à développer une attitude de veilleur individuel. Le tri, dans une société où l'information est omniprésente et surabondante,

1. Il convient cependant de noter que la pertinence n'est pas une propriété absolue ; elle n'existe qu'en référence à des buts. Aucun projet ne peut donc faire l'économie d'expliciter et de soumettre à débat ses objectifs.

devient crucial. Dans un contexte de saturation de l'information, la ressource rare n'est plus la connaissance spécifique mais l'« attention », c'est-à-dire la capacité à traiter l'information. Le véritable pouvoir réside dans la faculté de rechercher, localiser, trier, filtrer, recomposer, analyser, communiquer ou diffuser l'information utile et pertinente. OhMyNews comme AgoraVox s'appuient ainsi sur l'interactivité entre les individus et essaient de promouvoir une démocratie informationnelle reposant davantage sur le citoyen.

Que recouvre exactement le terme « citoyen » ? Le journalisme citoyen associé à AgoraVox ne se définit pas par une logique éditoriale dédiée à un thème, une éthique, une vision politique, un engagement militant, comme IndyMedia. Au contraire, il se caractérise par la notion de responsabilité et d'inscription dans la vie de la cité, sans orientation politique prédéfinie ou imposée. Il est important de différencier le journal alternatif qui véhicule une ligne éditoriale précise (animée par une idéologie et orientée par un groupe partisan et militant) du média qui fait uniquement appel aux individus, à leur sens civique, à leur attachement aux valeurs de solidarité et de liberté d'information, à leur capacité à capter, à sélectionner et à diffuser des informations intéressantes dans le but de les partager.

Dans ce contexte, AgoraVox souhaite contribuer à la construction d'une presse interactive, ouverte à toute personne souhaitant participer, collaborer, écrire dans une optique collective et autonome de l'information. En d'autres termes, cette nouvelle forme de journalisme collectif et indépendant doit se fonder sur le principe de transparence de l'information, tout en permettant une certaine réappropriation de celle-ci après avoir soulevé de nombreuses questions (objectives ou subjectives) sur l'actualité. Ces dernières sont susceptibles d'engendrer un fil de réflexions, de commentaires, de conversations et de réactions, c'est-à-dire des interactions en ligne instruisant peu à peu ce que Dan Gillmor nomme dans son ouvrage clé *We the Media*, déjà cité, une « intelligence informationnelle et communicationnelle[1] ».

Dan Gillmor est un personnage connu et respecté pour son travail d'« évangélisation » du journalisme citoyen. En tant qu'ex-chroniqueur vedette du *San Jose Mercury News*, quotidien de référence de la Silicon Valley, il dispose d'une crédibilité certaine auprès des média traditionnels, qu'il a pourtant abandonnés en 2005 pour lancer son propre journal citoyen en ligne : Bayosphere.com. Sa philosophie professionnelle se résume en une phrase, devenue quasiment un leitmotiv pour lui : « Mes lecteurs en savent plus que moi. » Bayosphere couvre surtout l'actualité de la baie de San Francisco et s'intéresse avant tout aux technologies de l'information et à leur impact sur la société. En tant que journaliste professionnel, Gillmor attache une importance particulière aux questions éthiques et déontologiques. Pour cette raison, il a mis en place une sorte de charte pour ses citoyens reporters en distinguant le « journaliste sur l'honneur » du journaliste professionnel qui « respecte des standards élevés d'honnêteté, d'expertise et de loyauté ».

1. Dan Gillmor, *We the Media*, *op. cit.*

Un des facteurs déterminants du succès du journalisme participatif semble avoir été le déclin de la crédibilité des mass média. En réaction à cette crise de confiance, de nombreux espaces de réflexion et d'analyse ont vu le jour. Internet a contribué à faire prendre conscience aux individus que ce qu'ils lisent dans les journaux, ou voient à la télévision, ne reflète pas nécessairement la réalité.

Sans doute ne faut-il pas voir dans ce nouveau mode d'expression, dans ce mode d'information participatif, un danger ou une menace pour le journalisme professionnel et la presse traditionnelle. Il faut comprendre le journalisme «amateur» comme un complément aux média généralistes et à la presse professionnelle[1]. Un complément social fait par les individus eux-mêmes pour d'autres individus, qui se veut le plus proche possible de la réalité des populations et des actualités (faits locaux, régionaux, nationaux, internationaux). Comme le précise Patrick Sabatier, «journalistes et média vont devoir établir de nouveaux rapports avec le monde qu'ils ont mission de raconter, apprendre à travailler différemment et à exploiter l'immense gisement de faits et d'images soudain accessible, car il s'y trouve des diamants dans la boue. Mais nous parions que le "journalisme citoyen" ne condamne pas les citoyens journalistes que nous sommes[2]».

L'approche de Yahoo News[3], premier site d'informations sur Internet en terme de trafic, va dans

1. On trouve une réflexion sur ce sujet à l'adresse www.pronetariat.com/11

2. Patrick Sabatier, *Libération*, 20 août 2005.

3. www.pronetariat.com/12

ce sens. En effet, depuis peu, la version américaine de Yahoo News a intégré à sa rubrique d'actualités les news issues des blogs, affichant ainsi sa volonté de valoriser le journalisme amateur. Toute nouvelle recherche d'informations sur ce site puise donc non seulement dans les média traditionnels indexés par Yahoo, mais aussi dans les blogs. Le nouveau credo de Yahoo aux États-Unis est : « Enrichir le journalisme professionnel du journalisme amateur. » En France, Yahoo expérimente une approche similaire avec AgoraVox.

Dan Gillmor martèle d'ailleurs depuis des années que le journalisme citoyen n'est absolument pas une remise en cause des grands média et que de nouvelles synergies vont voir le jour : « Le journalisme citoyen n'est pas un projet de critique des média, mais d'expansion des média. » Sans aller jusqu'à affirmer que tout le monde est en mesure de se livrer au journalisme d'investigation, chaque personne témoin d'un événement ou placée dans des circonstances particulières peut les présenter de manière spontanée et les publier sous la forme d'un article, mais aussi de formats audio ou vidéo – l'image pouvant être exploitée de plus en plus facilement grâce aux nouvelles technologies (téléphonie mobile, PDA, ordinateurs portables). Chaque individu devient alors un relais d'informations, comme cela se produit avec les blogs et les wikis, nouveaux espaces de publication et de communication pronétaires.

Bien évidemment, si tout journal rêve de pouvoir dévoiler un scoop, il n'en demeure pas moins que les journaux sont alimentés par de nombreux articles quotidiens ayant vocation à informer la collectivité, le réseau d'individus le plus étendu qui soit, sur des faits communs qui devraient intéresser le citoyen au premier chef.

Nous touchons ici au droit à communiquer, complément de la liberté d'opinion et d'expression, aussi important que le principe du média libre dans une société démocratique. La liberté d'expression telle qu'elle figure dans l'article 19 de la Déclaration universelle des droits de l'homme doit aujourd'hui être revisitée dans une acception extensive, incluant ce droit à communiquer, c'est-à-dire non plus uniquement à recevoir une information libre mais aussi à construire, émettre et diffuser de l'information.

Le concept de « droit à communiquer » est depuis les années 80 l'objet d'une bataille politique internationale, opposant notamment les États-Unis et les pays du Sud. Les premiers considèrent que rien ne doit entraver le *free flow of information*, la libre circulation des informations. En particulier, toute politique publique visant à financer des média publics ou autonomes des grands groupes médiatiques internationaux est contraire à leur vision de la liberté de l'information. Les pays pauvres estiment au contraire qu'ils ont besoin de disposer de média qui ne dépendent pas des grands groupes de communication occidentaux et défendent à ce titre le « droit à communiquer ». Avec l'arrivée des journaux citoyens, cette revendication prend encore plus de sens. Lorsque le droit à communiquer est exercé par le citoyen, la hiérarchie des informations revêt toute son importance, de même que le respect des sources ou la vérification de l'information.

Il faut donc se poser la question de l'éthique. De quelle éthique relève le citoyen reporter communiquant ses informations sur un support gratuit ? Vraisemblablement de la même que celle qui s'impose à tout média se prétendant transparent. Ce *new journalism* doit faire entendre une voix claire sur le contenu de sa publication libre, et, par conséquent, communiquer sur les limites qu'il se fixe. Cette plate-forme de journalisme participatif constitue également un tremplin pour des associations, des collectifs, des groupes, des communautés désireux de s'exprimer librement.

L'émergence de nouveaux moyens d'expression répond à un besoin réel dans une société où l'information libre et où la communication collective jouent un rôle de plus en plus important. Cette tendance est révélatrice d'un mouvement plus général s'appuyant sur la technique et les technologies issues d'Internet. Il suffit d'observer l'engouement populaire pour les blogs et la masse de plus en plus nombreuse de leurs adeptes pour comprendre combien toutes ces nouvelles pratiques témoignent d'une évolution marquée vers les média participatifs, dont l'individu est au cœur pour communiquer et informer.

Les média libres touchent l'ensemble de la planète

Ce serait une erreur que de considérer le phénomène nouveau du média interactif comme un élément isolé. En effet, et cet aspect est primordial, le média libre touche l'ensemble de la planète, même si les barrières, les frontières linguistiques restent présentes. C'est ainsi, par exemple, que Wikipedia, l'encyclopédie libre, gratuite et ouverte qui se construit à une échelle globale, se nourrit de la contribution généralisée de tous ceux qui souhaitent rédiger, corriger, déposer et soumettre un article ou une définition. Outre qu'elle instaure une certaine égalité des chances de se faire publier, un des avantages de l'information collective via un journal citoyen consiste en la création d'un lieu d'expression où se côtoient différentes personnalités, différents caractères. De plus, le lecteur peut, au gré de son surfing, découvrir des sujets auxquels il n'avait pas pensé : c'est ce que l'on appelle la « serendipité » (de l'anglais *serendipity* : trouver par chance ce que l'on n'a pas cherché), et ce concept prend ici tout son sens. Soulignons également que Wikipedia existe dans une trentaine de langues. Un même mot peut avoir des « entrées » très différentes d'une langue à l'autre, en fonction des contributeurs, dans le respect du principe de diversité culturelle.

La presse interactive, dans cette optique, jette un tout autre regard sur l'actualité, un regard qu'il ne faut pas comparer avec celui qu'y portent les agences comme l'AFP, AP ou Reuters, ou les grands journaux comme *Le Monde*, *Le Figaro* ou *Libération*. Cette nouvelle forme de partage de l'information favorise le langage commun. En effet, les articles publiés sur des sites comme AgoraVox permettent au plus grand nombre de prendre connaissance de thèmes qu'a développés un individu avec toute sa subjectivité mais sans revendiquer l'objectivité de la presse traditionnelle, mise à mal à maintes reprises. La subjectivité est sous-entendue, et par conséquent intégrée dans le processus de compréhension et d'acquisition de l'information.

Par ailleurs, le journalisme citoyen revêt un grand intérêt à un niveau local, voire « microlocal ». En effet, nous avons tous une double approche face à l'information : nous avons forcément envie de savoir ce qui se passe dans le monde ou dans notre pays d'un point de vue économique, social, politique ou technologique ; mais nous nous sentons également directement concernés par ce qui se passe dans notre région, notre ville, notre quartier, notre rue… En passant de l'« infiniment grand » à l'« infiniment petit », chaque personne bascule continuellement de la sphère « macro » (ce qui se passe dans le monde) à la sphère « micro » (ce qui se passe au pied de son immeuble).

Ce nouveau phénomène constitue une véritable révolution qui risque de transformer radicalement le fonctionnement des média traditionnels comme notre futur accès à l'information. Peut-être ce formidable potentiel constitué par une multitude de citoyens reporters agissant de manière conjointe nous permettra-t-il de passer un jour de la version « officielle » de l'information à sa version « réelle »…

Alors que les média traditionnels font descendre l'information du haut vers le bas (principe du « un vers tous »), AgoraVox la fait circuler de manière transversale (principe du « tous vers tous »), et ce grâce à une équipe de « rédacteurs citoyens » aux profils hétéroclites. En effet, d'une manière générale, dans ce type d'initiative pronétaire la fonction et le statut importent peu. On peut être journaliste, blogueur, fonctionnaire, chef d'entreprise, étudiant ou chômeur… L'important, c'est la qualité et la pertinence des informations diffusées. On comprend que désormais la ressource rare n'est plus seulement le capital, ou le travail, mais l'information fiable et inédite. On peut obtenir de cette diversité de profils une grande richesse rédactionnelle et informationnelle. L'originalité d'un site tel qu'AgoraVox est de faire remonter de l'information concrète depuis le terrain. On passe donc du *top down* au *bottom up* informationnel. En ce sens, on peut dire qu'AgoraVox est le premier média pronétaire.

Politique éditoriale et comité rédactionnel pour un média des masses

La politique éditoriale d'AgoraVox vise à mettre librement à la disposition de ses lecteurs des informations thématiques inédites, détectées par les citoyens. Ainsi, la parole n'est ni au « peuple », ni aux « élites ». Elle est à ceux qui relatent des faits originaux et inédits. Toutefois, une initiative comme AgoraVox accroît potentiellement les risques de propagation de rumeurs, de désinformation, de déstabilisation et/ou de manipulation volontaires ou involontaires. Pour cette raison, il est indispensable de disposer d'un comité de rédaction qui puisse agir en tant que « filtre ». Chaque auteur demeure responsable à titre d'éditeur des affirmations qui sont publiées, et c'est à lui d'en valider la véracité avant de soumettre son texte, mais le comité de rédaction se charge, pour sa part, de vérifier la conformité des propos tenus avec la politique éditoriale d'AgoraVox. Éventuellement, il mène des enquêtes complémentaires s'il a un doute. Dans le cas malheureux où un article contenant des inexactitudes échapperait au double filtre de l'auteur et du comité de rédaction, il serait aussitôt supprimé du site.

Vu la spécificité d'AgoraVox, le comité de rédaction n'est pas calqué sur celui d'un journal classique. Il comprend les meilleurs rédacteurs volontaires d'AgoraVox, mais aussi des experts en veille et en recherche d'informations issus de la société Cybion. AgoraVox relève donc d'une nouvelle forme de journalisme citoyen. Les lecteurs constituent autant de rédacteurs potentiels et de membres du comité de rédaction. Quant à Cybion, en raison de son métier et de son expérience, il a acquis dans le domaine de l'information et de la veille un savoir-faire indispensable pour attirer de nouveaux rédacteurs sur Internet, de nouveaux articles inédits, et pour essayer de valider les informations soumises ou trouvées dans le respect de la politique éditoriale définie par AgoraVox.

Tous les rédacteurs inscrits sur le site sont autorisés à publier un certain nombre d'articles ; ils peuvent également devenir modérateurs et faire partie ainsi du comité de rédaction « collectif ». Un formulaire disponible sur le site permet de faire la demande d'accès au « grade » de modérateur, le rédacteur devant préciser les motivations de sa candidature et surtout les rubriques dans lesquelles il souhaite intervenir.

L'équipe d'AgoraVox valide les candidatures en fonction du nombre et de la qualité des articles publiés sur le site ainsi que de la fiabilité des informations personnelles fournies. Afin qu'une certaine ligne éditoriale puisse être préservée malgré un comité rédactionnel élargi, les rédacteurs qui publient régulièrement deviennent plus facilement modérateurs. De cette manière s'instaure un cercle vertueux d'intelligence collective : plus un rédacteur écrit d'articles de qualité correspondant à l'approche éditoriale du site, plus il a de chances de devenir modérateur, et plus il a tendance à valider des articles correspondant le mieux à cette ligne éditoriale.

Sur AgoraVox, la modération et la validation des articles s'effectuent selon un modèle de « pyramide inversée » à trois niveaux. Pour y être publié, un article doit suivre le cheminement suivant[1] : les articles soumis par les rédacteurs sont tout d'abord et automatiquement classés dans des rubriques prédéfinies (politique, société, sport…) grâce à un système de mots clés. Ainsi, les flux d'articles sont aiguillés en fonction de leur contenu de manière à être en adéquation avec les compétences des modérateurs (par exemple, tous les articles traitant de sciences et technologies seront envoyés uniquement aux modérateurs qui ont une expertise dans ce domaine). Face à un article, aucun modérateur ne sait qui a voté ni quelle est la nature des votes déjà émis.

À terme, les meilleurs rédacteurs modérateurs obtiennent le statut de « membres d'AgoraVox ». Chaque membre de l'équipe éditoriale a le statut de « responsable de la publication », avec des prérogatives supplémentaires. Par exemple, il a accès à une interface où sont listés par rubrique les articles proposés à l'évaluation. De même, pour chaque article, il peut visualiser le nombre de votes manquants avant qu'il ne soit validé.

1. Cette procédure a été mise en place en collaboration avec Guillaume Lory, directeur général de Cybion.

Autre nouveauté : sur AgoraVox, les meilleurs articles seront prochainement rémunérés en fonction du trafic et de l'intérêt qu'ils généreront. AgoraVox est – et restera – un site gratuit. Ses principales ressources sont liées au nombre de visiteurs et au trafic réalisé sur le site (revenus publicitaires), ainsi qu'à la revente d'articles à d'autres supports. Logiquement, une partie des revenus générés doit être équitablement redistribuée aux rédacteurs en suivant différents critères pondérables : la qualité des articles proposés sur la période, qui permet de mesurer la fiabilité du rédacteur ; le nombre de visites générées, qui permet de mesurer la richesse créée ainsi que l'appréciation du rédacteur par les lecteurs (système de notation comparable à celui d'Amazon ou d'eBay) ; l'ancienneté du rédacteur. Ces deux derniers aspects permettent de mesurer la crédibilité du rédacteur.

Le journalisme citoyen est un phénomène en plein essor dans nos sociétés occidentales dites « démocratiques ». Mais qu'en est-il dans les pays où la censure, voire la dictature, règnent ? Le mouvement y est encore plus frappant puisque les citoyens reporters ont la possibilité de publier des informations qui sont occultées dans les média traditionnels. Comme nous le rappelle Reporters sans frontières (RSF), « dans les pays où la censure est reine, lorsque les média traditionnels vivent à l'ombre du pouvoir, les blogueurs sont souvent les seuls véritables journalistes ».

Cela dit, dans certains pays, la moindre critique émise sur un site Web ou un blog peut déclencher des représailles ou valoir un emprisonnement. Pour cette raison, RSF a publié en septembre 2005 le *Guide pratique du blogueur et du cyberdissident*, qui peut être téléchargé gratuitement en cinq langues à partir du site Web de l'organisation[1]. Ce guide propose de nombreux conseils pratiques et astuces techniques pour aider les blogueurs et les citoyens reporters à préserver l'anonymat de leurs publications, à garantir la confidentialité de leurs courriers électroniques et surtout à contourner la censure.

En même temps, fort heureusement, l'accent est mis sur les risques de manipulation, de désinformation et de propagation de fausses rumeurs : « Difficile de faire le tri entre les publications d'information, les tribunes personnelles, les vraies enquêtes et les témoignages bidons, difficile de séparer le bon grain de l'ivraie. Il est probable que certains blogueurs développent peu à peu leurs propres standards éthiques pour renforcer leur crédibilité et gagner la confiance de leur lectorat. Mais ne nous cachons pas les yeux, les fausses informations, les insultes et les calomnies fleuriront toujours sur Internet. Le blog donne à chacun, quelles que soient sa formation ou ses compétences techniques, la possibilité de devenir éditeur. Cette liberté ne va pas sans risques et les blogs sans intérêt, voire nauséabonds, vont se développer au même rythme que les publications de qualité. » Comme dans la vraie vie…

Le succès des média des masses et des outils de communication pronétariens force les infocapitalistes à la résistance. Mais leurs réorganisations ou réadaptations, quoique vives et défensives, ne sont pas toujours synonymes de luttes acharnées. Des terrains de complémentarité, voire de coopération, se dessinent peut-être pour les prochaines années.

---

1. www.pronetariat.com/13

Chapitre 5

L'Empire contre-attaque : les réponses des pronétaires

L'Empire contre-attaque, ou collabore ?

Depuis quelques années, les grandes maisons de disques et les chaînes de télévision multiplient les initiatives pour tenter de réduire l'impact du phénomène de téléchargement de musique et de vidéo en P2P sur Internet. Mais, surtout, les majors utilisent l'arme de la répression contre les internautes : procès, amendes, coupures de connexion Internet… Cette forme de répression aveugle a conduit à des résultats contestables. Depuis la fermeture de Napster, en 2001, on doit constater que les sommes considérables investies par les majors dans la lutte contre les réseaux P2P n'ont pas servi à grand-chose. Aujourd'hui, selon l'entreprise CacheLogic, les réseaux P2P consommeraient jusqu'à 80 % de la bande passante d'Internet. Ils constitueraient même une des principales raisons conduisant les consommateurs à s'équiper en ligne à haut débit.

Les infocapitalistes sont donc partis en guerre contre les pronétaires. Depuis le Digital Millenium Act, entré en vigueur aux États-Unis en 2000, les internautes qui ne respectent pas les moyens de protection logicielle ou matérielle du copyright sont automatiquement hors la loi. Les multinationales de la communication ont ainsi réussi à faire traiter par les mêmes instruments juridiques la contrefaçon des objets matériels et l'échange d'informations sans but lucratif.

Au cours d'une réunion aux Nations unies, le grand patron d'une de ces multinationales a annoncé une offensive industrielle mondiale contre le piratage intellectuel, appelant les dirigeants d'entreprise à « s'unir dans cette guerre ». Un groupe de travail fédéral américain a même demandé de nouveaux pouvoirs policiers contre ceux qui pratiquent le « vol de propriété intellectuelle », appelant à une traque sur Internet, à des écoutes téléphoniques, et même exigeant des fournisseurs d'accès à Internet (FAI) qu'ils révèlent les noms des internautes accusés d'échanger de la musique ou des vidéos sous copyright. En France, Pascal Nègre, PDG d'Universal Music France, et la plupart des sociétés de gestion collective des droits d'auteur exercent un lobbying acharné afin d'obtenir le même type de dispositions, pour l'instant bloquées par la CNIL (Commission nationale de l'informatique et des libertés).

La très puissante Motion Picture Association of America (l'association des producteurs américains) a récemment tenté de porter un coup sérieux à l'utilisation virale du réseau BitTorrent, dont il a été question plus haut (voir p. 54-56). Des poursuites ont été lancées contre les gestionnaires d'une centaine de réseaux utilisant BitTorrent dans le monde. Les grands studios de cinéma ont réussi, dans un premier temps, à obtenir leur fermeture. Mais la victoire de la MPAA sera probablement provisoire. Certains serveurs attaqués ont en effet décidé de contrer la démarche des majors et lancé une souscription pour financer leurs frais d'avocats. En quelques jours, ils ont réussi à collecter plus de 35 000 dollars sur le Net. Cependant, la réponse la plus dangereuse des pronétaires à la contre-attaque de la MPAA pourrait bien se présenter sous la forme d'un nouveau logiciel baptisé eXeem et permettant au réseau de fonctionner sans les serveurs qui ont été fermés. Au grand dam des majors, eXeem combinerait les avantages de BitTorrent et de Kazaa !

On peut se demander si de telles mesures répressives et parfois violentes ne sont pas disproportionnées par rapport à la réalité de phénomènes technologiques et sociaux difficilement réversibles. Les infocapitalistes mènent-ils un combat d'arrière-garde ? Peut-on continuer à traiter des millions de pronétaires comme des voleurs ? On se souvient des débats passionnés au moment de l'arrivée des magnétoscopes. Ils annonçaient, pour Jack Valenti, le puissant patron de la MPAA, la fin du cinéma. Pourtant, aujourd'hui, les majors tirent une grande partie de leurs revenus de la vente de cassettes VHS et surtout de DVD. Même réaction des éditeurs face aux photocopieurs, qui allaient « tuer le livre ».

Comme on l'a vu, l'évolution technologique paraît irréversible. Il convient donc, pour les producteurs de biens culturels numériques, de trouver des formes alternatives de financement : partenariats, *sponsoring*, téléchargements autorisés de musique comme produit d'appel pour des versions payantes, concerts avec vente de billets et CD gratuits gravés par les participants à l'issue de la représentation…

Malheureusement ces voies possibles vers une complémentarité entre infocapitalistes et pronétaires ne sont pas prises au sérieux par les multinationales des média. Leurs réseaux globaux de diffusion renforcent entre leurs mains la propriété intellectuelle des contenus. Plus inquiétant, leurs investissements dans des systèmes antipiratage coûteux, dont ils sont les seuls à disposer, risquent de consolider leur concentration et leurs pouvoirs.

Les MovieLabs (Motion Picture Laboratories) constituent la toute dernière réponse des infocapitalistes d'Hollywood. Grâce à un budget de 30 millions de dollars apporté par les six grands studios, l'objectif des MovieLabs est de développer de nouvelles technologies antipiratage et de sécuriser la distribution de contenus. Hollywood estime en effet que, malgré les logiciels antipiratage actuels, la technologie ne progresse pas assez rapidement. Le but de la MPAA est de « protéger les investissements des producteurs et des distributeurs qui perdraient de l'ordre de 3,5 milliards de dollars par an en raison de la piraterie ». D'autres grands studios, comme Disney, bénéficient même de rentes de monopole en réussissant à faire prolonger de vingt ans la durée légale du droit d'auteur afin d'éviter que Mickey ne tombe dans le domaine public – une loi de 1988 qui a été confirmée par la Cour suprême des États-Unis en janvier 2003.

L'attitude répressive des majors suscite évidemment de nombreuses réactions, non seulement au sein du pronétariat mais auprès des sociétés de gestion collective des droits d'auteur. Ainsi, l'Adami (la société de gestion collective des droits des artistes interprètes), contrairement aux sociétés de gestion des droits des auteurs compositeurs, a été amenée à faire des propositions alternatives pour tenter de sortir de l'impasse de la répression et du cercle vicieux qu'elle a contribué à créer. Pour elle, « il apparaît aujourd'hui illusoire de vouloir stopper un phénomène qui repose sur l'essence même d'Internet. Ainsi, l'Adami s'oppose aux solutions qui privilégient la répression et la culpabilisation du public, ainsi qu'à celles qui préconisent le verrouillage des œuvres et le filtrage des flux ».

Autre initiative intéressante, le Conseil économique et social s'est récemment prononcé contre la politique du « tout répressif », qu'il considère comme une « vision à court terme ». Il a d'ailleurs commandé un rapport sur ces thèmes, coordonné par Michel Muller, secrétaire général du livre CGT. Pour le Conseil, une lutte totale contre les pirates est « vaine ». La répression systématique des internautes qui téléchargent de la musique en P2P nécessite de définir un nouveau contrat social entre les créateurs et la nation. En effet, pour cette grande institution, un resquilleur n'est pas un pirate et un pirate n'est même pas un contrefacteur organisé à l'échelle du continent. Il conviendrait donc à ses yeux d'assimiler définitivement le téléchargement à de la copie privée. C'est ce que fait la jurisprudence actuelle, mais elle sanctionne en revanche l'upload, c'est-à-dire la mise à disposition des fichiers pour les autres internautes. Mais, pour rémunérer les ayants droit, le Conseil propose que soit instaurée une taxe payée par les fournisseurs d'accès à Internet, ce qui, pour ces derniers et l'Adami, ne règle pas le problème à la base.

Pour lutter contre le piratage ou tenter d'endiguer le flux de la marée P2P, les FAI et les majors de la musique ont signé en France, le 28 juillet 2004, sous l'égide des ministères de l'Industrie et de la Culture, une charte les engageant à lutter contre la « piraterie numérique » à partir d'actions de sensibilisation, de développement des offres légales et de répression. Dans ce contexte, les poursuites contre les utilisateurs du P2P pourraient se systématiser et les sanctions se faire de plus en plus sévères…

Certaines sociétés proposent, on l'a vu, des solutions d'identification des téléchargements illicites (*tracking*), permettant de repérer les adresses IP des utilisateurs. Mais un filtrage généralisé des réseaux P2P ne paraît pas adapté. Et un filtrage fichier par fichier, dans le but de bloquer les seuls échanges illicites, semble encore trop complexe et trop coûteux. D'autres prônent un système de comptage dans le réseau (en mesurant ce qui circule dans les flux) : il permettrait de voir combien de fois chaque morceau de musique ou de film a été consulté et donc de rémunérer les ayants droit en conséquence. Ce système éviterait la mise en place d'outils d'identification des utilisateurs, par nature liberticides. C'est une logique de « traçage des œuvres » qui s'oppose au « traçage des utilisateurs ».

Ignorer les média des masses ? Attention à l'« intelligence des foules »

Les infocapitalistes tentent également de conserver leur pouvoir en cherchant simplement, de manière moins violente, à ignorer l'émergence des média des masses. Comme le dit très justement Cyril Fievet, journaliste à InternetActu.net, « plus de dix ans après leur avènement en tant que média universel et planétaire, l'Internet et le Web font toujours figures de "mal aimés" des média traditionnels. Le constat est simple : les média, qu'il s'agisse de presse et surtout de télévision, semblent vouloir ignorer le Net. [...] Autre source d'étonnement, les média traditionnels ont depuis toujours l'habitude de se citer mutuellement, et même de se mêler. N'entend-on pas depuis toujours, à la radio, des "revues de presse" quotidiennes résumant ce qui est publié dans les journaux et magazines ? De tout cela, le Net est étrangement absent. À l'inverse, les média traditionnels demeurent la principale source, jamais tarie, qui nourrit les blogs, les forums, voire les sites institutionnels. Mais rien en retour, ou presque[1] ».

On sait pourtant que la France compte 25 millions d'internautes et que de plus en plus de gens, des jeunes en particulier, formés aux média interactifs par les jeux, le chat ou le SMS, dédaignent les média traditionnels pour s'informer par Internet. Lorsque la grande presse ou les grandes chaînes parlent d'Internet, c'est généralement pour évoquer des revendications terroristes faites par le

1. Interview par Frédérique Roussel, *Libération*, 20 août 2005.

biais du Web, la fréquentation des réseaux pédophiles, la traque par des policiers spécialisés, l'invasion de nouveaux virus, les dangers des pirates pour les entreprises ou encore l'espionnage effectué par les spécialistes de l'« intelligence économique » grâce à Internet. Le phénomène étonnant de la montée des média des masses et de la prise de conscience du pronétariat passe totalement inaperçu, comme s'il existait une sorte de censure tacite des infocapitalistes pour éviter de favoriser l'engouement de masses croissantes d'utilisateurs pour les réseaux collaboratifs, avec sa conséquence : l'effritement de leur pouvoir.

La fracture entre infocapitalistes et pronétaires se creuse. Mais la lutte s'organise. Comme l'explique Philippe Aigrain, « les multinationales produisent des contenus standardisés [...] qu'elles déclinent en versions "localisées". Elles consacrent des sommes gigantesques à les promouvoir auprès de ceux qui sont assez riches pour se les payer, ou pour que leur attention soit vendue aux annonceurs publicitaires. Elles défendent leurs monopoles par de multiples murs de propriété : brevets, droits d'auteur patrimoniaux dont la mise en œuvre est maintenant assurée par la technique et la surveillance ».

Mais pendant ce temps des voies alternatives se manifestent et se renforcent : « Des programmeurs de logiciels libres distribués dans le monde entier créent, sans recours aux transactions monétaires, des réalisations techniques plus complexes que ce dont l'humanité a pu rêver jusqu'à il y a peu. Le partage des goûts et des créations réinvente la diversité culturelle autant qu'il la brasse. L'usage des technologies de l'information et de la communication [...] favorise l'apparition de nouvelles solidarités mondiales et locales. L'émergence de ressources et d'outils partagés pour l'information, par la preuve qu'elle apporte des bénéfices de la coopération et de la solidarité, renforce l'idée qu'il existe des biens communs porteurs d'avenir[1]. »

La grande différence entre les tendances et les évolutions pronétariennes qui ont été décrites et celles de l'Internet des débuts est que les premières conduisent à transformer des intérêts personnels en avantages collectifs, et donc en valeur ajoutée économique. Multipliée par des millions, une action personnelle simple telle que créer un lien avec un site qu'on aime, poster un avis sur un livre ou un disque, répondre à un sujet sur un blog, devient utile pour des millions d'autres personnes. Une intelligence des foules est un train de naître, telle celle décrite dans *L'Homme symbiotique* en 1995[2], où l'on découvre que, même si elles peuvent devenir incontrôlables, voire destructrices, des foules connectées en temps réel peuvent résoudre des problèmes complexes mieux que le meilleur des experts.

Cette forme d'intelligence collective a été également évoquée par James Surowiecki dans son livre *The Wisdom of Crowds* (*La Sagesse des foules*), publié en 2004. Mais la « sagesse » des foules ne se manifeste pas toujours dans la bonne direction. Elles peuvent devenir folles, amplifier des effets minimes, réagir de manière épidermique et se retourner contre ceux qui posent des questions. Une

1. Philippe Aigrain, *Cause commune*, *op. cit.*
2. Joël de Rosnay, *L'Homme symbiotique*, Seuil, 1995.

attaque coordonnée de foules d'internautes peut représenter une « cyberarme de destruction massive ». Des actions peuvent être achetées ou vendues en Bourse de manière brutale sans que ces réflexes correspondent à des analyses détaillées ou sérieuses. Certains alimentent même les marchés électroniques en faux bruits afin de rafler la mise par des achats en ligne sur une durée très courte.

Des cyberessaims d'internautes

Les réseaux d'individus connectés à Internet sont capables de réactions d'adaptation rapides confirmant l'existence de cette forme émergente d'intelligence collective – un phénomène d'essaims (*swarm intelligence*) comme ceux formés par les abeilles ou les termites. Les scientifiques les considèrent désormais comme un organisme vivant et non comme une collection d'individus. On pourrait appeler de tels regroupements, temporaires ou permanents, des « cyberessaims » d'internautes. Ainsi, au moment de grands événements mondiaux, les utilisateurs d'eBay réagissent pratiquement en temps réel pour mettre en vente sur le site les produits les plus variés en relation avec ces faits précis.

Ces réseaux peuvent également utiliser de redoutables armes pronétariennes pour contrer des informations qu'ils considèrent comme non sollicitées ou tout simplement démagogiques, qu'elles viennent de politiques ou d'industriels. Récemment, une de ces armes qui prolifèrent sur Internet a été utilisée par des pronétaires pour protester contre la démarche d'un président de parti politique qui recrutait pour son parti par e-mail. Les adresses e-mail de consommateurs avaient été obtenues par l'achat de bases de données commerciales. Cette arme s'appelle le « bombardement Google » ou *Google bombing*. Comme l'explique Wikipedia, elle est à double tranchant (car elle peut être utilisée à des fins subversives), et il s'agit d'« une technique de référencement visant à influencer le classement d'une page dans les résultats du moteur de recherche Google.

Cette technique exploite une caractéristique du moteur qui accorde un certain poids au texte avec un hyperlien vers une page. Ce poids peut varier en fonction de l'algorithme (du programme de classification) utilisé par Google. Si plusieurs sites utilisent le même texte pour pointer sur la même cible, Google additionne ce poids et il devient possible de faire apparaître la page cible dans les résultats d'une recherche sur le texte contenu dans les liens pointant vers elle ».

Autrement dit, des masses de pronétaires coordonnées peuvent influencer le classement des résultats d'une recherche faite sur Google et contribuer ainsi à faire arriver en tête de liste un site de dérision. Si l'on cherche, par exemple, à ridiculiser une personne ou une marque dont le nom aura été tapé dans la barre de recherche de Google, on fait exploser la bombe de la manière suivante : il suffit d'écrire sur son blog une note contenant le mot précis sur lequel on souhaite qu'apparaisse la bombe. Dans le cas précédemment cité, c'était le nom de l'homme politique responsable de l'envoi des e-mails proposant à des internautes d'adhérer à son parti. Puis on a créé un lien entre ce nom et un site satirique, en l'occurrence la page d'accueil du film *Iznogoud*, dans lequel un acteur voulait devenir « calife à la place du calife ». Il a suffi de quelques notes de blogueurs influents pour que, très rapidement, la bombe fasse son effet : en octobre 2005, le site *Iznogoud* arrivait en troisième position lorsqu'on lançait une recherche avec le nom de cet homme politique dans Google.

Cette technique a souvent été utilisée par des pronétaires à des fins politiques, économiques ou ludiques, par exemple pour tourner George W. Bush en dérision. En effet, une recherche avec les mots *miserable failure* (échec lamentable) renvoyait à la biographie officielle du président américain. Il y a quelque temps encore, les mots *great president* renvoyaient à une fausse biographie du même homme.

Plus politique encore, cette Google bomb lancée en 2003 par les partisans du gouvernement de George W. Bush après la menace de veto français au Conseil de sécurité des Nations unies contre une intervention militaire en Irak : en cherchant *french military victories* (victoires militaires françaises), on se trouvait renvoyé vers une page d'erreur imitant une page Google et suggérant de rechercher *french military defeats* (défaites militaires françaises)... Cependant, comme l'écrit fort justement Loïc Le Meur, « attention à ne pas abuser, certains n'apprécient pas du tout ce petit jeu ». Même si, ajoute-t-il, « les blogueurs sont en général pleins d'humour, rarement de méchanceté ».

De plus en plus d'industries ont compris les avantages qu'elles pouvaient tirer des participations collaboratives en ligne ou même d'une forme d'intelligence collective pour créer de nouveaux produits, anticiper des marchés, évaluer des services.

Par exemple, Eli Lilly, grande entreprise pharmaceutique, a lancé en 2001 une start-up appelée InnoCentive dont l'objectif est de résoudre des problèmes posés à la recherche du groupe et à certains de ses partenaires. Elle s'appuie sur un réseau interconnecté de 80 000 chercheurs indépendants issus de 170 pays. Chaque chercheur, ou découvreur de solution, est récompensé s'il est capable de répondre à un problème de R&D.

Rapidement, d'autres grandes entreprises, comme Dow ou Procter & Gamble, qui consacre 1,7 milliard de dollars à la R&D, ont compris l'intérêt de cette forme de recherche mondiale mutualisée et sont venues rejoindre InnoCentive. La start-up compte aujourd'hui une cinquantaine de clients, tels Boeing ou DuPont. Les entreprises en quête de solutions à des problèmes de recherche s'inscrivent sur le site www.innocentive.com, forum d'échanges en temps réel, en tant que « chercheuses » (*seekers*). Un département d'InnoCentive les aide à poser leurs questions tout en préservant leur anonymat.

Les problèmes sont mis en ligne sur le site avec un résumé de la demande, une date limite de réponse et le montant prévu de la récompense qui sera attribuée à la meilleure solution (entre 2 000 et 100 000 dollars). Pour que sa demande soit mise en ligne, l'entreprise verse un acompte d'environ 20 000 dollars à InnoCentive. Pour avoir accès aux demandes des entreprises, il faut s'inscrire comme *solver*. Des scientifiques ou ingénieurs de n'importe quel pays peuvent s'inscrire s'ils acceptent le règlement émis par InnoCentive, précisant la politique de confidentialité et les questions relatives aux droits de propriété intellectuelle.

Les échanges entre les chercheurs et les membres d'InnoCentive responsables du problème s'effectuent par l'intermédiaire d'un espace sécurisé en ligne appelé Project Room (la salle des projets), qui contient les détails correspondant à chaque problème. Les chercheurs soumettent leurs solutions à InnoCentive dans le cadre de la Project Room qui leur a été désignée. InnoCentive évalue les solutions proposées et met à la disposition des entreprises clientes des scientifiques appartenant à ses équipes pour sélectionner les meilleures d'entre elles. Les réponses peuvent être plus ou moins longues et offrent parfois une stratégie de mise en œuvre dans un laboratoire, ce qui implique des taux de récompense différents.

Lorsque le problème a été résolu, InnoCentive règle la question du transfert des droits de propriété intellectuelle, puis celle du paiement. Elle paie le chercheur et se rémunère en réclamant à l'entreprise demandeuse entre 60 et 100 % de la récompense offerte au titre de la rémunération de son service. Et ça marche ! Plus d'un tiers de la vingtaine de questions soumises par Procter & Gamble à InnoCentive ont trouvé leurs réponses. Grâce à ce réseau, la société a fait passer le nombre de projets provenant de l'extérieur à 35 %. Il était de 20 % il y a trois ans.

Face à la télé du futur, les majors font de la résistance…

Avec la prolifération des écrans plats, une fusion est en passe de s'opérer entre les différents supports de diffusion d'images à domicile. Parvenant du satellite, du câble ou d'Internet, les images vont envahir les foyers. Bientôt on ne fera plus la différence entre l'écran de son ordinateur dupliqué en grand format sur un mur par un vidéoprojecteur et celui de son téléviseur de type home cinema. Les télécommandes perfectionnées vont jouer un rôle fondamental, ne serait-ce que pour connaître les fonctions de l'écran utilisé et agir sur elles. Le camphone (téléphone mobile muni d'une caméra photo) deviendra une véritable souris. Il sera à la fois télécommande et scanner.

En effet, de nouvelles technologies, comme SpotCode par exemple, rendent l'environnement physique « cliquable ». Elles permettront bientôt d'utiliser son mobile, chez soi ou dans la rue, pour signifier un ordre d'achat directement sur l'image d'un écran ou sur une affiche comportant un code circulaire (analogue à un code barre) susceptible d'être lu par le camphone. Grâce à un « clic photo » sur ce code, l'usager sera mis directement en relation avec le site Web de l'entreprise, ou recevra un SMS répondant à sa question. Les chaînes de télévision vont développer des menus d'achat supportant des transactions par carte bancaire grâce à des terminaux de lecture connectés aux PC et capables de communiquer avec le téléviseur.

Les fournisseurs de programmes vont tenter de continuer à capter la plus grande audience possible et à obliger les téléspectateurs à ne pas zapper pendant la publicité. Ils disposent de plusieurs moyens pour les contraindre à rester fidèles à l'émission diffusée sur leur chaîne. Tout d'abord, la téléréalité : des études ont démontré que lorsque les « zappeurs » tombaient sur de tels programmes ils restaient généralement sur la chaîne pour en savoir plus. Ils répondent en cela à un mécanisme de survie de nature darwinienne et propre à tous les animaux : mémoriser les événements dramatiques pour savoir les éviter si l'on y était confronté, et ainsi survivre et éventuellement poursuivre la chaîne de reproduction, ce qui représente un avantage évolutif pour l'espèce. Si l'émission parvient à retenir son attention pendant plus de quinze secondes, le zappeur a de bonnes chances de regarder la suite.

Dans son livre *Les Stars*, à la fin des années 50, Edgar Morin avait déjà eu l'intuition que le plus important pour les média était de montrer une personnalité célèbre, un « Olympien », dans des situations de fait divers[1]. Récemment, ces émissions à la mode montrant des gens « en état de survie » ont réalisé les meilleurs scores d'audience. D'où des programmes de faible niveau culturel, mais considérés comme particulièrement « vivants » car plaçant des « célébrités » ou des « victimes » anonymes dans des situations dramatiques ou de compétitivité artificielle. Ces deux catégories sociales étant, d'après les chiffres, celles qui font le plus d'audience…

Autre moyen de capter et de retenir le public, le débat politique avec confrontation connaît lui aussi un succès assuré. Dans les émissions du type « talk-show » en présence de spectateurs dont les réactions

1. Edgar Morin, *Les Stars*, Seuil, 1957 ; réédition illustrée, Galilée, 1984. Voir aussi *Sociologie contemporaine*, Grasset, « L'Esprit du temps », 1962-1976.

sont visibles à l'écran, et qui font partie de la mise en scène, des invités se disputent autour d'une table ou dans une sorte d'amphithéâtre. Parfois, le public est même appelé à voter. Bien entendu, tous les sujets, même les plus graves, sont tournés en dérision. Ainsi, le téléspectateur, au hasard du zapping, a de bonnes chances de tomber sur un scandale, un témoin masqué à la voix électroniquement modifiée ou encore une célébrité ou un invité politique sérieux en train de se faire ridiculiser, voire agresser verbalement ou physiquement.

Ce type de recettes « force » les gens à regarder la télé. Mais cette télévision-là est peut-être en train de mourir. Même si elle connaît un succès incontestable aujourd'hui, elle paraît être en fin de règne... Avec la montée des média des masses – qui diffuseront également le meilleur et le pire –, les spectateurs auront une palette de choix plus large et des moyens de plus en plus efficaces d'échapper à la publicité.

Un combat d'arrière-garde ?

Face à la déferlante des média des masses, les majors fourbissent leurs armes répressives. Mais la répression dans ce domaine a montré ses limites. Il s'agit pour de nombreux observateurs des média d'un combat d'arrière-garde. Pour continuer à dominer leurs marchés, les majors vont tenter d'imposer leurs standards, suivant en cela l'exemple de Bill Gates, qui a contraint les utilisateurs de PC à adopter les standards propriétaires de Microsoft. Les grands opérateurs de télécoms, parce qu'ils ont acheté à un coût très élevé (168 milliards d'euros) le droit d'émettre sur des fréquences libérées par l'État, cherchent à imposer l'UMTS/G3 pour rentabiliser leurs investissements – malgré des débits réduits lorsqu'on est en déplacement, un téléphone et un prix d'abonnement plus élevés et une compatibilité limitée avec Internet, alors que la Wifi, la voix sur IP et la téléphonie gratuite vont progressivement s'imposer. Mais les standards propriétaires séduisent de moins en moins les internautes, qui leur préfèrent des systèmes ouverts, même s'ils sont parfois moins performants.

L'encryptage est un autre moyen de protection des infocapitalistes, pour le DVD par exemple. Toutefois, si certains encryptages sont extrêmement complexes, il existera toujours des développeurs pour casser les codes et entrer dans les systèmes… C'est la guerre du glaive et du bouclier.

Enfin, les majors tentent de rendre les utilisateurs « dépendants ». C'est bien dans ce but qu'elles font en sorte qu'il soit beaucoup plus facile d'installer un logiciel que de le désinstaller ! Microsoft, nous l'avons vu, est une parfaite illustration de principe, de même que les opérateurs de téléphonie mobile, avec leurs packs forfaitaires contenant un nombre de formules d'abonnement tellement différentes qu'il est devenu presque impossible de modifier son contrat.

Une coopération entre infocapitalistes et pronétaires est en train de s'amorcer avec l'initiative lancée par Jeremy Allaire, un jeune millionnaire du Net, grâce à sa start-up BrightCove.com, opérationnelle depuis janvier 2005. BrightCove utilise le pouvoir d'Internet pour transformer le média télévision en permettant aux producteurs de vidéo, autant les grands groupes que les pronétaires, de proposer leurs programmes en ligne et à haut débit, contre une rémunération soit directe, soit par l'intermédiaire de la publicité. Ainsi, chaque producteur de vidéos pourra proposer son œuvre sur Internet (grâce au pack logiciel proposé par BrightCove) et gagner de l'argent si quelqu'un la regarde.

Allaire s'inspire du modèle de Google, qui génère des revenus grâce aux annonces publicitaires placées sur les sites de ses clients. BrightCove prévoit de laisser une place importante aux clips vidéo de courte durée analogues à ceux qui prolifèrent déjà sur le Net. L'idée est simple : il suffit de placer la pub de 30 secondes en tête de la vidéo. Les annonceurs acceptent déjà de payer 25 dollars pour 1 000 spectateurs, plus que ce qu'ils paient pour la télévision classique.

Il existe aujourd'hui plus d'un million de clips vidéo sur Internet, qui peuvent être vus sans attente grâce au *streaming* (flux continu) ou téléchargés pour une visualisation ultérieure. L'entreprise de marketing Forrester Research estime que la moitié de la population des internautes regarde des vidéos en ligne. BrightCove n'est plus seul : sont venues le rejoindre dans ce nouveau marché d'autres start-up comme Blinks, Akimbo ou ThePlatform. Les grands de la communication comme Viacom cherchent désormais à collaborer avec ces jeunes entreprises qui inventent une nouvelle façon de faire de la télévision.

Les entreprises de communication qui ne possèdent pas de réseaux câblés se tournent vers le haut débit sur Internet pour diffuser leurs programmes. Par exemple, la société Eco-Nova, productrice d'émissions pour le *Discovery Network* et le *National Geographic Magazine*, lance une émission d'exploration sous-marine en Web TV, sous la forme d'un blog multimédia permettant même de cliquer sur des vidéos en « live » en provenance directe des casques des plongeurs qui explorent les grands fonds marins. Certaines start-up pronétariennes comme ManiaTV ou ChannelBlast sont encore plus ambitieuses : elles veulent entrer en compétition directe avec les grandes chaînes. Leur argument est qu'en diffusant leurs émissions sur Internet elles sont d'emblée « globales », alors que les chaînes classiques ne le sont pas ou doivent passer par des relais satellites coûteux.

C'est peut-être par l'intermédiaire de la Web TV nouvelle formule que l'« Empire » des majors entrera dans un cycle vertueux de complémentarité avec le pronétariat, inventant ainsi, collectivement, le futur des média des masses…

Chapitre 6

Inventer le futur des média des masses

Temps réel, fiabilité et infoéthique

La montée du pronétariat et les nouveaux outils de pouvoir nécessitent des relations adaptées avec les entreprises, les organismes publics, les groupes, les associations. Les nouveaux pouvoirs qui se mettent en place impliquent fiabilité, confiance, vérification des informations, dosage des actions, sujettes à des amplifications incontrôlables. Une « infoéthique » est donc indispensable à l'équilibre des pouvoirs entre infocapitalistes et pronétaires. Ce qui implique des solutions innovantes pour l'avenir des sociétés en réseau et en « temps réel ».

Selon François-Xavier Alix, « il est fondamental que ce soient, si l'on ose dire, l'éthique et le droit de la conversation qui soient affirmés comme principes de base, à savoir qu'aucune règle ne soit fixée d'en haut ou d'à côté : que chacun dise ce qu'il veut selon sa seule conscience et dans l'esprit de la Déclaration des droits de l'homme. Le système ne peut éluder longtemps la question d'une organisation responsable mettant au point une "Constitution" d'Internet, puis gérant le cahier des charges qui en découlera. Les serveurs et les fournisseurs d'accès au premier niveau, une instance de concertation et d'action commune dans chaque secteur thématique et dans chaque "région" du globe pour ces responsables, et enfin une instance mondiale de régulation et de recherche… [1] »

Cependant, « Constitution » et « instance de concertation ou de régulation » seront difficiles à mettre en œuvre. En effet, certains éléments liés à Internet sont des biens publics rares qui demandent une gestion centralisée (par exemple les noms de domaines) ; d'autres sont des biens communs à gérer par tous et chacun, avec une gouvernance arbitrale ; d'autres enfin resteront et doivent rester des objets débattus et laissés ouverts.

Au-delà des questions de désinformation, différentes pistes de réflexion s'ouvrent, notamment pour tenter de résoudre les problèmes liés à la prolifération de contenus illégaux sur Internet (pédophilie, cyberterrorisme, cybercriminalité, racisme…). Il est difficile d'envisager qu'un gouvernement ou une administration puissent réellement réguler « du haut » tout ce qui apparaît sur Internet. Les internautes, et pas uniquement les pouvoirs publics, doivent être au centre de tout dispositif qui aurait

1. François-Xavier Alix, *Une éthique pour l'information*, L'Harmattan, 1997.

pour but d'introduire une quelconque régulation éthique et juridique sur Internet.

Chaque internaute peut se transformer, volontairement ou par hasard, en une sorte de « capteur » capable d'identifier un site Web ou un forum de discussion qui incite au racisme, à la haine ou à la pédophilie. La question est alors de comprendre si le Web peut se transformer en une sorte de « peer to peer éthique » mobilisant les forces de millions d'internautes, à l'image des nombreux programmes scientifiques qui utilisent la puissance de calcul des PC des internautes pour lutter contre le sida, le cancer ou pour scruter les signaux d'hypothétiques extraterrestres (seti@home)[1].

Les pouvoirs publics devraient promouvoir activement cette prise de conscience citoyenne pour que chaque internaute prenne la mesure de ses capacités potentielles à assainir le cyberespace. Il est donc fondamental de développer les bases d'une véritable autorégulation éthique et citoyenne d'Internet. Il ne s'agirait d'une régulation ni exclusivement par le haut (pouvoirs publics), ni exclusivement par le bas (internautes), mais d'une « corégulation citoyenne ».

Il apparaît également nécessaire que soit développée une initiation à la maîtrise des moteurs de recherche traditionnels, voire des agents intelligents (logiciels permettant d'optimiser les recherches et la navigation sur Internet). Chaque individu pourrait ainsi devenir une sorte de « maillon éthique du réseau » en utilisant efficacement les outils de recherche et les logiciels intelligents. Le défi est d'arriver à exploiter l'intelligence collective d'Internet en utilisant les

1. Seti@home : www.pronetariat.com/14

outils de l'intelligence artificielle (agents intelligents) et les méthodes de l'intelligence économique (recherche d'informations).

Internet : libertaire et transnational

Mais le point important est de réussir à déterminer quel doit être l'organisme habilité à recueillir et à analyser de telles plaintes. Le problème réside dans la nature libertaire et transnationale d'Internet. Pour regrouper des signalements ou des plaintes, un organisme gouvernemental national (ou intergouvernemental international) serait difficilement efficace et crédible. Il serait trop facile et trop tentant de contourner son action.

Il devient donc nécessaire de créer un nouvel organisme international non gouvernemental, ou bien de s'appuyer sur des organisations existantes indépendantes. Les analyses convergent pour proposer un organisme tripartie, comprenant des représentants des gouvernements, des entreprises et de la société civile (ONG, associations, syndicats, etc.). Et ce serait ce nouvel organisme indépendant, international mais présent dans chaque pays, qui pourrait fédérer les informations provenant des internautes pour ensuite déterminer comment les transmettre éventuellement aux services publics locaux ou, le cas échéant, internationaux.

Reste cette question : les pronétaires ont-ils les moyens collectifs et individuels d'améliorer la fiabilité des informations ? L'avenir du journalisme citoyen ou des créations de contenus largement partagés, comme les contenus éducatifs ou les rapports de consultants, en dépend. Les méthodes et les outils issus tant de l'intelligence collective que de l'intelligence individuelle constituent un début de réponse[1]. Différents services disponibles sur Internet déploient des stratégies d'intelligence collective afin de fiabiliser et de crédibiliser leur fonctionnement.

Une première approche consiste à s'appuyer sur un mode d'écriture novateur fondé sur la participation de plusieurs auteurs à un même document, comme les wikis déjà évoqués. Mais cette solution se heurte à deux limites majeures.

Premièrement, il est indispensable d'atteindre une masse critique conséquente d'utilisateurs afin que les processus de vérification collective se mettent en place avec succès et que les tentatives de manipulation ou de désinformation soient réduites au maximum.

La deuxième limite est liée à la nature même de l'information que l'on souhaite fiabiliser. Plus cette information est stratégique, plus les tentatives de manipulation sont importantes et difficiles à démasquer. Une telle approche s'applique parfaitement aux articles d'une encyclopédie comme Wikipedia. Un succès semblable pourra-t-il être atteint avec Wikinews[2], qui utilise exactement le même procédé

1. Intelligence collective et intelligence individuelle sont naturellement intimement liées entre elles et s'enrichissent mutuellement de manière vertueuse et itérative. En effet, l'enrichissement progressif des outils et des méthodes d'intelligence individuelle contribue à renforcer les potentialités des processus d'intelligence collective, et vice versa. Pour cette raison, nous pouvons parler d'intelligence collective et individuelle (ICI).

2. www.pronetariat.com/15

pour élaborer des actualités de manière « collaborative » ? Difficile de répondre de manière nette à ce stade. Mais il est sûr qu'à ce jour Wikinews n'a pas encore atteint la masse critique d'utilisateurs de Wikipedia. De plus, les enjeux des informations traitées sont nettement plus stratégiques car ils touchent à tous les domaines sensibles de notre quotidien (politique, économique, société, santé...). Quoi qu'il en soit, même si l'expérience est originale et mérite d'être tentée, il sera nécessaire d'ajouter des garde-fous supplémentaires pour la validation finale de l'information ainsi publiée.

AgoraVox utilise un processus d'intelligence collective différent des wikis pour fiabiliser les informations publiées, en plus du filtrage à trois niveaux précédemment décrit, opéré par des veilleurs et des rédacteurs. Ce processus se fonde sur les contributions des lecteurs (commentaires). Dès qu'un article est publié, tout lecteur peut intervenir librement pour le commenter, le critiquer, le compléter, l'enrichir ou le dénoncer. L'auteur interagit ainsi avec ses lecteurs – qui, comme le dit Gillmor, sont parfois mieux informés que lui – afin de compléter et d'améliorer son article. Parfois, le comité de rédaction décide de supprimer un article après certains commentaires de lecteurs (notamment en cas de plagiat avéré).

Mais pour Wikipedia, qui se veut un « organe de référence » doté de la « neutralité » encyclopédique, et quelle que soit la qualité de ses filtrages, on ne peut nier qu'il existe une « face obscure ». Certains de ses articles sur des personnalités politiques ou médiatiques, par exemple, contiennent des informations sur leur vie privée ou sur des « affaires » auxquelles elles sont liées. Qui contrôle ce type d'information ? Comment peut-on être certain qu'il ne s'agit pas de manipulation ? Ce n'est pas parce que les sources sont pronétariennes que l'information est obligatoirement fiable...

Il paraît salutaire, à ce sujet, de réfléchir à la portée du commentaire lucide d'un grand journaliste, observateur de l'éthique des média, Daniel Schneidermann : « La dépossession progressive des média traditionnels de leur rôle de source exclusive d'information, au bénéfice des francs-tireurs de la Toile, est entamée depuis une bonne dizaine d'années [...]. Ce qui est nouveau, c'est l'apparition d'un lieu central, doté de l'apparence de la neutralité encyclopédique, et proclamant son ambition implicite de devenir la nouvelle référence universelle. [...] Mais cette séduction ne dissipe pas les inquiétudes que suscite l'émergence possible d'un nouvel organe de référence parfaitement anonyme, et donc vulnérable à toutes les manipulations. Qui aura le temps et l'énergie nécessaires pour actualiser, jour après jour, Wikipedia ? [...] Qui donc travaille dans l'ombre à la rédaction des versions définitives ? Quelle autorité supérieure arbitrera ? Mystères. Dans l'impossible rôle d'organe de référence, le successeur du *Monde* s'appellera peut-être Wikipedia. Mais il n'est pas certain que la démocratie gagne au change[1]. »

Un autre secteur dans lequel il est très important de fiabiliser l'information est celui des ventes et des enchères sur Internet. Ne serait-ce que pour éviter de

1. Daniel Schneidermann, « Wikipedia, ses espoirs, ses menaces », *Libération*, 14 octobre 2005.

faire face à des commerçants peu scrupuleux. Le processus choisi par eBay repose également sur l'exploitation d'un processus d'intelligence collective. En effet, la qualité et surtout la crédibilité d'un vendeur sont déterminées, non pas par l'entreprise eBay, mais par l'ensemble des clients de ce vendeur grâce à un système de notation visible pour tous. Ainsi, avant d'effectuer un achat auprès d'un quelconque vendeur, chaque internaute dispose à son sujet de nombreux indicateurs (ancienneté, appréciation globale, principales critiques, évaluation de son niveau de réactivité...) qui vont lui permettre d'effectuer son achat en minimisant les risques de fraude.

Malgré ces mesures de précaution, les dérives ou les manipulations ne sont pas exclues à 100 %. Néanmoins, le système tend à s'autoréguler. Ce procédé fonctionne plutôt bien puisqu'il a fait des émules dans d'autres domaines. AgoraVox et NewsTrust[1], par exemple, tentent d'utiliser ce même principe pour fiabiliser les actualités publiées sur Internet. À ce stade, il est encore trop tôt pour se prononcer sur son succès, mais les premiers essais sont encourageants.

Au-delà de ces différents processus d'intelligence collective, les pronétaires disposent de plusieurs méthodes individuelles faisant appel au « bon sens » et souvent inspirées d'applications en entreprise ou liées à l'intelligence économique. Premier conseil aux utilisateurs d'Internet : toujours vérifier la source des informations recueillies. Une dépêche de l'AFP ne sera fiable à 100 % que si elle est reproduite sur le site de l'AFP. Même les média clients de l'AFP

1. www.pronetariat.com/16

peuvent (volontairement ou pas) introduire des modifications, sans parler des particuliers qui décident de reprendre ces dépêches sur leurs sites personnels.

Vérifier une source peut aussi signifier contacter l'auteur, ou les éventuels experts mentionnés, afin d'obtenir confirmation des informations. Malheureusement, ce « retour aux sources » n'est pas toujours possible. Même au sein de sites officiels, des informations non fiables existent. Il s'agit là d'un problème profond lié au mode même de fonctionnement de notre société plutôt qu'à Internet. S'il est impossible de remonter à la source ou de contacter l'auteur, une recherche s'impose sur la personne ou l'éditeur du document pour vérifier sa fiabilité. Attention aux sources individuelles difficilement identifiables ! Si l'identification est impossible, la dernière solution est la suivante : essayer de faire valider l'information par un expert reconnu ou un spécialiste du secteur, notamment par les nouveaux intermédiaires, ou « infomédiaires », dont il a été question (voir p. 86).

Une deuxième précaution consiste à croiser plusieurs informations entre elles pour obtenir un renseignement cohérent à partir d'au moins deux sources différentes et indépendantes. On peut aussi croiser une information recueillie sur le réseau avec une source complètement indépendante d'Internet. Parallèlement, si un expert figure dans le document ainsi obtenu, il faut essayer de trouver d'autres publications signées du même auteur et vérifier la concordance des propos.

On peut aussi essayer de dater le document, car sur Internet les informations périmées sont légion.

Effectivement, l'information ne fait pas systématiquement l'objet d'une mise à jour. Dans l'idéal, la date doit figurer au sein du document. Si tel n'est pas le cas, il faut essayer de déterminer à quelle date le document a été publié sur le site. Il suffit pour cela d'accéder au code source, même si cette méthode n'est pas infaillible. Enfin, un critère « empirique », qu'il convient de garder présent à l'esprit, est le critère financier et matériel : est-ce que la personne qui a diffusé l'information a un quelconque intérêt financier ou matériel à ce que celle-ci soit validée et considérée comme fiable ? Ou, à l'inverse, est-ce que l'émetteur a quelque chose à gagner s'il persuade l'utilisateur de la prétendue véracité de l'information ? Le fait même de se poser ce type de question ne garantit pas la fiabilité d'une information, mais permet d'éviter certaines des manipulations que l'on peut rencontrer sur Internet.

Pousser et tirer l'information sur Internet : le push et le pull

La personnalisation des informations a toujours été au cœur des préoccupations des moteurs de recherche et des start-up Internet. Il est intéressant de retracer brièvement la courte histoire de ces technologies, notamment grâce à la dichotomie des technologies *pull* et *push* qui s'est marquée à la fin des années 90. L'information se renouvelle tellement rapidement sur Internet qu'il est humainement impossible, sans l'aide d'assistants électroniques, de suivre l'évolution de l'offre d'un concurrent, l'actualité d'un secteur économique ou l'apparition d'innovations technologiques. Il y a quelques années, Carlo Revelli[1] a schématiquement distingué deux grandes familles d'agents intelligents ou logiciels : les agents de type pull et les agents de type push.

Quand on se rend sur le site de Yahoo pour y mener une recherche, on dit que l'on est en train de « tirer » (*pull*) l'information du serveur de Yahoo jusqu'à son PC. En effet, on a effectué la démarche active d'allumer son ordinateur, de se relier à Internet, de se connecter au site de Yahoo, de saisir les mots clés de sa recherche et, enfin, de rapatrier les documents sur son ordinateur : du pull à l'état pur… Cependant, on peut continuer de faire du pull en déléguant certaines tâches répétitives à un agent intelligent. Si, par exemple, au lieu de se connecter directement à Yahoo, on délègue cette tâche à son agent de recherche (par exemple Copernic), il s'agit toujours de pull. Dans ce cas, l'agent remplace l'utilisateur et il « tire » vers lui les informations demandées.

Dans la démarche pull, ce qui est important, c'est le fait que l'on soit acteur de ses choix même si l'on confie le travail répétitif à l'agent. De même, si avec un agent de veille comme Webspector ou Web Site Watcher on décide de surveiller le site Web d'un concurrent, c'est toujours du pull, même si l'agent stocke les pages qu'il trouve et donne l'impression de les « pousser » vers l'utilisateur[2].

---

1. Carlo Revelli, *Intelligence stratégique sur Internet*, *op. cit.*

2. Plusieurs centaines d'agents « intelligents » peuvent être téléchargés sur www.pronetariat.com/17 ou sur www.pronetariat.com/18

Dans une optique push, en revanche, l'utilisateur joue un rôle moins actif car l'information est «poussée» jusqu'à lui. C'est le même principe que la télévision : il existe des dizaines de chaînes qui diffusent des informations et le rôle de l'utilisateur consiste uniquement à choisir celle qui lui convient et à la regarder. Sur Internet, il existait des logiciels de type push (PointCast fut le plus célèbre) qui permettaient d'accéder à des centaines de chaînes d'informations (CNN, *New York Times*, *Washington Post*...) à caractère souvent thématique (météo, sport, marchés financiers...). Ces logiciels ont littéralement explosé vers la fin de 1996 en faisant beaucoup de bruit. Certains allaient même jusqu'à affirmer que désormais le Web entier allait se transformer en une «télévision géante» dans laquelle chacun diffuserait des informations à partir de sa propre chaîne. En réalité, ce sont les enjeux financiers énormes (notamment ceux liés à la publicité) qui avaient provoqué de tels enthousiasmes.

L'information obtenue par les agents de webcasting (ou webdiffusion) est complètement uniforme et standardisée et s'adapte souvent à une diffusion de masse. Elle est donc utile pour suivre l'actualité en général mais insuffisante pour mener des activités de veille personnalisées. Avec les technologies push, c'est le gestionnaire de chaque chaîne qui décide du contenu de celle-ci et qui le diffuse (à travers un serveur). Avec un agent pull, au contraire, si l'on décide de créer une chaîne, on reste maître de son contenu et c'est son agent (un logiciel client) qui rapatrie les informations correspondant à ses choix. L'intervention et la personnalisation humaines sont beaucoup plus importantes avec les agents de type pull.

Si l'on ne parle plus de logiciels push ou pull de nos jours, il ne faudrait pas pour autant croire que la personnalisation des services de recherche est en perte de vitesse. Bien au contraire ! Ce qui a posé problème, notamment avec les logiciels push, c'est, d'une part, une personnalisation extrêmement limitée, souvent cantonnée à des sources d'information officielles, et, d'autre part, l'obligation d'utiliser un logiciel propriétaire en dehors du navigateur.

À présent, ces deux freins n'ont plus lieu d'être. En effet, la personnalisation des services de recherche se développe de plus en plus, surtout par le biais de la technologie RSS, qui permet une personnalisation illimitée. Il faut tenir compte également de l'explosion de milliers de sources d'information citoyennes, de la concurrence acharnée entre les trois leaders du marché de la recherche d'informations (Google, Yahoo et MSN) et de l'avènement des technologies libres (*open source*) telles que Firefox, qui connaît un succès fulgurant.

Voici trois exemples parmi d'autres d'outils qui risquent de modifier profondément les habitudes de recherche de demain : Firefox, Google Maps/ Google Earth et Yahoo My Web 2.0.

Trois exemples d'outils pronétariens pour optimiser les recherches

Les prouesses de Firefox : si aujourd'hui l'on reparle de navigateur, c'est que Firefox a réellement révolutionné ce type d'application. En effet, ce navigateur open source peut être personnalisé avec des centaines d'extensions (elles aussi en open source). On va voir de quelle manière Firefox peut être efficacement utilisé pour optimiser les investigations de tout citoyen reporter.

Tout d'abord, on apprécie, au point de ne plus pouvoir s'en passer, la navigation par onglets ainsi que l'intégration réussie du gestionnaire de favoris. Mais ce qui nous intéresse aujourd'hui, ce sont les nombreux outils qui gravitent autour de Firefox et qui en font une solution indispensable pour les chercheurs d'informations, les pronétaires et les citoyens reporters. Il est important de préciser que ces « extensions » sont développées par la communauté de Mozilla[1] et, en général, mises à disposition gratuitement. Leur installation est quasi immédiate. Elle ne requiert pas de compétences particulières et peut se faire en ligne depuis le site de l'éditeur. Il y en a vraiment pour tous les goûts : des plus futiles, qui activent certaines fonctionnalités du navigateur à partir de l'enregistrement des mouvements de la souris, aux plus utiles et performantes, comme par exemple les extensions qui permettent d'obtenir des informations « cachées ».

Yahoo My Web 2.0 : dans sa compétition avec Google, Yahoo est en train de tirer profit de son réseau d'intelligence pour améliorer les résultats des recherches en ligne. Son nouveau moteur de recherche My Web 2.0 collecte les capacités et les compétences de groupes d'utilisateurs pour créer une « symbiose » entre les cerveaux humains et les ordinateurs. Aux premiers, la capacité de contextualisation,

1. www.pronetariat.com/19

de création de sens à partir de masses de données non organisées; aux seconds, la vitesse et la mémoire. Cela crée un moteur de recherche «sociétal» permettant, à la différence de Google, pour lequel l'ordre des sites les plus pertinents est fondé sur le nombre de liens créés par les internautes (Page Rank Technology), de les classer en fonction de la proximité de chaque utilisateur par rapport aux autres et de sa réputation à répercuter des informations pertinentes (My Rank System). Sont intégrés ainsi, en plus du critère quantitatif (le nombre de liens), des critères de sélection qualitatifs (la pertinence de la référence). My Web 2.0 rend immédiatement disponibles pour un réseau de correspondants fiables et leurs contacts des pages Web considérées comme utiles par un membre d'un groupe donné. Yahoo n'est pas le seul à tenter d'enrôler les pronétaires dans la création de valeur ajoutée collaborative. Récemment, Apple Computers et Microsoft ont décidé d'inclure dans leurs logiciels de base une version de RSS, ce qui va certainement créer un effet boule de neige, une véritable explosion d'interconnections sur les sujets les plus divers. L'idée de base est la même dans toute la nouvelle nouvelle économie : créer un flux, du buzz, et faire payer des services personnalisés à un prix très bas multiplié par des millions d'utilisateurs.

Google Maps et Google Earth, le miroir du monde : Google vient de mettre en œuvre ce principe qui lui est cher en lançant en juin 2005 Google Earth, un service gratuit de cartographie par satellite permettant de zoomer sur n'importe quel lieu dans le monde. Selon les régions géographiques, les informations disponibles sont plus ou moins précises. Ainsi, un New-Yorkais pourra localiser son restaurant préféré et obtenir une vue en 3D des buildings de la métropole, alors que la résolution des photos d'une bonne partie de la planète est pour l'instant encore faible. La couverture, d'après Google, devrait s'améliorer rapidement. Le logiciel dispose d'une version gratuite et de versions payantes pour les professionnels. Google ne sait pas encore comment il tirera profit de ce nouveau service, mais le succès est tel qu'il envisage déjà des services payants pour l'immobilier, la planification urbaine, la recherche archéologique, les cours de géographie ou l'espionnage par satellite ! L'appropriation de Google Maps et Google Earth par les internautes a été extrêmement rapide, dépassant toute attente. Ce qui a eu pour conséquence la prolifération de nouveaux usages et services inattendus, mais générateurs d'applications personnalisées à un coût minime. Google Maps est un service gratuit de cartes géographiques et de plans en ligne créé par Google en 2005. Le service est particulier puisqu'il permet, à partir de l'échelle d'un pays, de zoomer jusqu'à l'échelle d'une rue. Deux types de plans sont disponibles : un plan classique, avec nom des rues, des quartiers, etc., actuellement disponible uniquement pour les villes principales des États-Unis, du Canada, du Royaume-Uni et de l'Irlande ; un plan en images-satellites, qui couvre aujourd'hui le monde entier.

La Google Maps Mania

En dehors des définitions « officielles », il est intéressant de comprendre pourquoi ces services ont suscité une telle adhésion et pourquoi ils peuvent être fort utiles aux pronétaires. La clé de voûte de ce succès réside dans le choix judicieux, de la part de Google, de mettre à disposition de tous les internautes une application (API – Application Programming Interface) permettant d'intégrer ou de modifier les cartes au sein de son propre site Web. Ainsi, il suffit de coupler la représentation graphique offerte par Google avec n'importe quelle autre base de données, et les applications deviennent presque infinies. Des milliers de programmeurs bénévoles sont en train de créer des cartes hybrides (*mash-ups*) combinant des cartes géographiques ou des vues satellites avec toutes sortes d'informations, accessibles en cliquant sur des *pushpins*, sorte de punaises virtuelles « piquées » sur la carte.

Avec cette stratégie d'ouverture, Google favorise l'appropriation de ses services, mais surtout la création de nouveaux usages auxquels lui-même n'avait pas pensé[1]. Des blogs comme Google Maps Mania[2] décrivent des centaines d'applications différentes, avec la description de nouveaux services plusieurs fois par jour. En France, Didier Durand est un blogueur passionné par l'évolution des média, des technologies et de l'Internet. Son blog fourmille de tests réalisés autour de Google Maps[3]. Le créateur d'un des tout premiers navigateurs du Web, Marc Andreessen (voir p. 36 et suivantes), vient de créer

1. Même si, pour l'instant, ils ne suscitent pas encore le même enthousiasme, Microsoft (www.pronetariat.com/20) et Yahoo (www.pronetariat.com/21) ont réagi très vite en offrant des services comparables.

2. www.pronetariat.com/22

3. www.pronetariat.com/23

une entreprise appelée Ning.com pour faciliter la création quasi automatique de mash-ups de toutes sortes et ainsi favoriser le « lien social ». Les services de Ning sont gratuits et offrent une gamme d'applications pour transformer des sites Web, les relier à d'autres, ajouter des fonctionnalités, avec pour principal objectif de permettre aux gens de se rencontrer, d'échanger, de créer des réseaux.

Une application typiquement américaine a fait couler beaucoup d'encre sur et en dehors du Web. En couplant Google Maps avec des bases de données publiques disponibles aux États-Unis, il est désormais possible de localiser les habitations d'anciens criminels... Par exemple, grâce à chicagocrime.org, tout un chacun peut suivre presque en temps réel l'évolution des crimes dans la ville de Chicago, rue par rue. En Floride, on va encore un peu plus loin : le site Florida Sexual Predator[1] donne la photo et la « biographie » de dangereux criminels sexuels qui habiteraient votre quartier... On imagine aisément les dérives auxquelles ces sites peuvent conduire.

Dans un registre moins liberticide et probablement plus utile pour les pronétaires, il faut signaler toutes les tentatives en cours pour cartographier et localiser les actualités au fur et à mesure de leur apparition. Au Royaume-Uni, la BBC a décidé de mettre à disposition des internautes beaucoup de ses ressources et contenus afin de favoriser la création d'applications innovantes[2]. Il s'agit d'un véritable laboratoire de recherche accessible aux

1. www.pronetariat.com/24
2. www.pronetariat.com/25

internautes du monde entier et permettant la création de nombreux prototypes qui demeurent ensuite à la disposition de tous les visiteurs. Parmi eux, citons l'effort assez réussi pour coupler les news de la BBC avec les cartes de Google Maps.

Aux États-Unis, Yahoo Maps permet de faire plus ou moins la même chose à partir des dépêches d'agence diffusées par Yahoo. Certains journaux locaux commencent à utiliser Google Maps afin d'illustrer les lieux où se sont déroulés les événements qu'ils décrivent, et enrichissent ainsi le contenu de leurs articles. De plus, on l'a vu, les blogueurs sont les véritables capteurs en temps réel de ce qui se passe sur la planète. Ainsi, une application inévitable de Google Maps sera de coupler ses cartes avec les fils RSS des blogueurs ou des citoyens reporters spécialisés dans le suivi de l'actualité. Ce service ne devrait pas tarder à voir le jour… Bref, ce type d'applications, fondées sur des cartes interactives, devrait engendrer des services originaux, comme le souligne Mike Pegg, fondateur de Google Maps Mania, dans une lettre ouverte du 9 août 2005 à destination des média[1].

De jeunes entrepreneurs ont compris que la stratégie Google pouvait les aider à développer leurs start-up. En effet, Google permet aux créateurs de cartes ou sites mash-ups de partager les revenus générés par les publicités qu'il vend et affiche sur leurs sites. La société se réserve en effet le droit de placer ses annonces sur les sites en échange de l'utilisation gratuite de ses cartes. Ainsi, Trulia.com, une jeune entreprise lancée par deux

1. www.pronetariat.com/26

étudiants de Stanford, Pete Flint et Samin Inkinen, propose de relier les annonces immobilières d'une ville donnée avec les cartes du voisinage, donnant des informations pratiques, montrant les lieux (écoles, parcs, transports...) et permettant de comparer les prix avec des ventes récentes effectuées dans ce secteur. À partir de son blog, Didier Durand a simulé le comportement d'un acheteur potentiel de maison en faisant quelques essais sur la ville d'Austin, au Texas. Après avoir sélectionné cette ville, il a basculé en mode photos-satellites et, en zoomant sur les lieux, il a « approché » la maison de tout près pour la voir dans son environnement. Constatant qu'elle était proche d'une zone industrielle, il a pu l'écarter d'emblée, sans même avoir eu à se déplacer, d'où un important gain de temps.

Les agences immobilières ont prévu ces réactions et commencent à adapter leur offre. Par exemple, John Keith est un agent immobilier novateur et perspicace[1]. Peu après le lancement de Google Maps, il a décidé d'utiliser ce système pour montrer de manière originale les appartements en vente à sa clientèle. En faisant gagner du temps et de l'argent à ses prospects, John Keith sait qu'il pourra les fidéliser plus facilement. Une application similaire permet de cartographier les offres d'emploi (Gendor).

D'autres services cartographiques en ligne exploitent encore plus à fond les potentialités de Google Maps. On peut par exemple obtenir la carte des stations d'essence les moins chères du pays. Avec BusMonster, à Seattle, on peut voir les trajets,

1. www.pronetariat.com/27

arrêts et estimations horaires des bus de la ville. Grâce à GMapTrack, on peut vérifier l'état du trafic via un réseau de webcams publiques dont les images s'affichent instantanément sur la même page. N. Weinberg le complète par une application peu souriante permettant de positionner le lieu d'origine des soldats américains victimes de la guerre en Irak.

Mais, en définitive, où va Google ? Sa stratégie multidimensionnelle permet de s'en faire une idée. Avec son célèbre moteur de recherche, avec Google Desktop pour les disques durs des PC, Google Mail, Google Maps, Google Earth, Google Print (numérisation automatique des livres du monde entier à raison, pour le moment, de 5 000 livres par jour), Google Phone en Wifi et une future plate-forme de paiement en ligne, la « pieuvre » Google est en train de s'attaquer à de grands concurrents comme Microsoft, Yahoo ou eBay. À terme, son objectif est de faire vivre les internautes, dans toutes leurs activités quotidiennes, avec un écran Google devant les yeux, que ce soit par l'intermédiaire de leur PC, de leur mobile, de leur PDA, de la télévision ou des consoles de jeux. Cela représente un gigantesque panneau publicitaire mondial dont vit la société.

De plus, grâce à ses statistiques en temps réel sur les questions que posent les internautes, Google dispose du plus efficace outil de prospective stratégique au monde. Un outil qui ne lui coûte rien puisqu'il lui suffit d'écouter ce que cherchent et demandent les utilisateurs (de les espionner ?) à chaque seconde et dans toutes les langues du monde. Car Google peut visualiser en temps réel ce à quoi pensent les internautes du monde entier quand ils sont devant leur écran. Cette utopie est réalisable grâce à Live Query, un immense écran de visualisation développé par Google et sur lequel on voit s'afficher le flux continu des mots clés et phrases de recherche, en anglais, japonais, chinois, français, italien, hollandais, espagnol et coréen. Un étonnant laboratoire de recherche sociologique est en train de naître, intéressant aussi bien les philosophes que les spécialistes du marketing et du renseignement.

Que nous révèle l'observation de l'écran de Live Query ? Cette sorte de miroir virtuel de la population des internautes fait ressortir en temps réel les modes, les phobies, les fantasmes, les angoisses, le hit-parade des thèmes, dans les domaines des média, du show-biz, des sports, des marques, des potins… Et ce, milliseconde par milliseconde. Une manne pour les agences de publicité, les consultants en prospective, les spécialistes de l'intelligence économique…

Évidemment, les recherches autour du mot « sexe » apparaissent en permanence dans les 86 langues suivies par Google, mais on observe aussi des pics d'intérêt, d'un bout à l'autre du monde, malgré les diversités ethniques et culturelles, liés à l'actualité et à des événements mondiaux. Par exemple, lors d'une diffusion aux États-Unis de la très populaire émission *Qui veut gagner des millions*, les ingénieurs de Google ont vu apparaître sur leurs écrans, toutes les 48 minutes après l'heure, des pics de différente intensité signalant une recherche active à propos de l'une des questions posées à l'antenne : les internautes participaient à l'émission, État par État, jusqu'à Hawaii, le tout dernier pic de la journée !

L'hégémonie de Google, qui se veut le collecteur et le rassembleur de l'information mondiale, n'est-elle pas en train de conduire à une victoire de l'« Empire » sur les pronétaires ? Le risque existe. Google en est-il conscient ? Un premier obstacle vient de se dresser contre Google Print. La société est poursuivie en justice par l'Association of American Publishers au nom de cinq grands groupes d'édition : McGraw Hill, Pearson Education, Penguin Group USA, Simon & Schuster et John Wiley & Sons. Une plainte qui s'ajoute à celle de la Guilde des auteurs, au nom de milliers d'écrivains américains, pour violation du copyright. Pour Google Print, il s'agit de numériser le plus de livres possible dans le monde, sauf si les ayants droit s'y opposent par écrit. Pour les éditeurs, au contraire, il revient à Google d'obtenir les autorisations préalables. En août 2005, devant ces réticences, Google a interrompu ses procédures de numérisation automatique de livres sous copyright. Pour combien de temps ?

En attendant, les visualisations des recherches des internautes sur Google ouvrent de nouvelles voies à la réflexion philosophique. Avec son dernier mur d'images, GeoDisplay, Google ajoute l'espace à sa représentation de la « conscience collective » du Web. On y voit s'allumer les points du monde à partir desquels la densité des questionnements est la plus forte : New York, Tokyo, la baie de San Francisco… Ainsi, à l'information (les thèmes), au temps (les pics), vient s'ajouter l'espace (les lieux de consultation). Le Cybionte, macro-organisme planétaire hybride, cybernétique et biologique décrit dans *L'Homme symbiotique*, serait-il en train de prendre corps ?

Vers l'homme « augmenté » ?

Un certain nombre de développeurs d'Internet et d'experts de logiciels « ouverts » estiment que ces nouvelles phases d'innovation du réseau vont permettre d'accéder à un vieux rêve d'augmentation par ordinateur des capacités humaines connectées en temps réel. Par exemple, les étiquettes (*tags*) du site My Yahoo permettent à des internautes de « marquer » les pages qu'ils jugent intéressantes et d'ajouter des annotations, ce qui crée un système de classification et d'organisation des données géré par des millions d'utilisateurs, du bas vers le haut de la pyramide – tous vers un (TV1). Cela restait jusqu'à présent impossible à réaliser avec les moyens classiques de communication. Ce nouveau concept est de plus en plus en vogue sur Internet. Dans Wikipedia, le tagging devient la folksonomy, un clin d'œil à la *taxonomy* qui pourrait signifier « génération spontanée de classification » (*people's classification management*).

Comme l'explique Tilly Bayard-Richard sur son blog[1], « l'idée de base du "tagging" est la suivante : l'inondation d'informations (texte, images, sons), ou "infopollution", rend de plus en plus urgente et nécessaire une dose d'organisation, de classification, pour que les recherches donnent des résultats suffisamment pertinents, et que les informations puissent être partagées entre des communautés d'utilisateurs ayant des intérêts voisins. D'où l'idée de regroupements virtuels (pas physiques), par thèmes (catégories, mots clés, tags), des informations

1. www.pronetariat.com/28

disséminées sur la toile (géographiquement, et dans le temps).

Le besoin n'est pas nouveau. On n'a pas attendu le Web pour savoir utiliser quand il le fallait des taxonomies, des thésauri, des ontologies, des index, des mots clés plus ou moins contrôlés, libres ou naturels, pour accéder à l'information même non numérique. Ce qui est nouveau avec les folksonomies, c'est qu'elles apparaissent au fur et à mesure des besoins, se constituent *quasi* naturellement, à l'initiative des créateurs d'information (auteurs) et des utilisateurs (lecteurs). Jadis, l'information était indexée, catégorisée par les auteurs seuls, au moment de la publication, jamais par ceux qui en avaient besoin. Il existe déjà des sites comme Technorati qui montrent bien ce à quoi on peut arriver en matière de syndication d'information sur le Web». Le phénomène du tagging contribue, à son niveau, à l'avènement d'un Web «sémantique», capable de retrouver les informations par leur contexte et pas seulement par des mots clés. Une forme d'«intuition» du Web, en quelque sorte…

En réalité, ces concepts ont été popularisés sur Internet, d'abord par Del.icio.us (un service de gestion de bookmarks partagés et taggés), ensuite par Flickr (partage de photos). Un peu plus tard, c'est le moteur de recherche Technorati qui a permis d'utiliser les tags pour qualifier et classer les blogs. Comme le précise Didier Durand sur son blog, cette idée de classification du contenu Internet «par le peuple, pour le peuple, vient de recevoir le support d'un géant qui en accrédite ainsi le bien-fondé : Yahoo». Désormais, avec My Web 2.0, Yahoo permet d'associer des tags avec les résultats de ses recherches et de les partager plus facilement avec les autres utilisateurs.

L'idée sous-jacente est toujours la même : ce sont les utilisateurs, et non les spécialistes, qui sont les plus aptes à classer et à tagger les informations qu'ils utilisent. Ce système d'« étiquettes virtuelles » va se généraliser à de nombreux services du Net – revues de livres, de concerts ou de films, événements programmés, ou encore profils d'individus, consultants ou enseignants sur le réseau. C'est justement ce que facilitent les grilles de notation du tagging de My Yahoo : elles permettent de trouver des catégories d'experts recommandés par de nombreux utilisateurs, et même d'entrer immédiatement en contact avec la personne de son choix par messagerie instantanée afin d'avoir une conversation préliminaire pour éclairer les bases du sujet choisi ou du problème posé.

Comme l'explique Francis Pisani sur son blog[1], « l'innovation technique la plus importante est l'introduction d'une nouvelle série d'algorithmes pour suggérer des réponses utiles. Au lieu de s'appuyer, comme le fameux Page Rank de Google, sur le nombre et la valeur des liens conduisant à un site, My Rank mesure l'importance d'une page en fonction de l'intérêt que lui portent les réseaux sociaux dans lesquels chacun d'entre nous s'insère ». De cette manière, il est désormais possible de trouver des résultats dont le contenu a été sélectionné et taggé par d'autres utilisateurs. Les sites Web validés par une communauté d'intérêts sont ainsi privilégiés dans le classement des résultats de recherche

1. www.pronetariat.com/29

de Yahoo. Pour cette raison, ce service fait partie des services dits « communautaires » ou « sociaux ». À ce jour, reste encore à prouver que sa pertinence est réellement supérieure à celle du Yahoo classique, même si certains spécialistes n'hésitent pas à le comparer à un « eBay des connaissances ».

La vraie question de fond est de savoir si une telle application permettra de relancer les nombreux réseaux sociaux (Linkedin.com, Friendster.com ou Viaduc.com) qui, après un fort engouement initial, ont perdu un peu de leur élan, comme le précise Francis Pisani. Dans le même esprit, il faut également évoquer Yahoo 360°, un nouveau service qui allie blogging et réseaux sociaux. Signalons enfin que Google a décidé de lancer lui aussi une version bêta d'un nouveau service qui prend en compte l'historique des recherches des utilisateurs afin d'améliorer la performance des résultats[1].

Tout ce qui pourra être évalué par une collectivité dans l'intérêt d'une collectivité le sera. On est loin des critiques de films ou de livres, toujours signées par les mêmes personnes, qui paraissent dans les journaux ou sont diffusées par les radios. Le mode de fonctionnement des jurys pourrait également se trouver bouleversé. Ces nouveaux moyens de marquage numérique montrent que l'innovation est en train de naître à partir des internautes de la base, du pronétariat, et ne constitue plus le seul privilège des entreprises traditionnelles d'Internet.

1. www.pronetariat.com/30

Le nouveau souffle du Web 2.0

Depuis début 2005, Internet semble connaître un deuxième souffle : nouvelles start-up innovantes, nouveaux services inédits, nouveaux investisseurs… Certains décrivent le phénomène sous l'appellation « Internet 2.0 » ou « Web 2.0 », bien qu'aucun consensus ne se dégage autour de ce que ces notions sont censées englober réellement. En effet, les contours de cette nouvelle nouvelle économie demeurent encore flous et l'on pourrait craindre d'être en présence de l'énième terme à la mode.

Cela dit, d'une manière générale, beaucoup s'accordent à penser que, plus qu'une révolution, le Web 2.0 est une évolution naturelle d'Internet, à la fois du point de vue technologique et de celui des usages. En simplifiant, il est possible d'affirmer que les nouvelles applications qui voient le jour quotidiennement sur Internet permettent d'obtenir plus d'informations à l'écran en moins de clics et plus rapidement que par le passé (en partie grâce à l'essor d'Ajax – Asyncronous Javascript Xml – et des API publiques). Ainsi, Internet pourrait devenir progressivement une véritable plate-forme pour chacune de nos applications : il ne serait plus besoin de les installer sur nos ordinateurs puisqu'elles fonctionneraient depuis l'Internet Operating System. Et même si, à ce jour, il n'y a pas encore de véritable révolution technologique, les applications sont développées de manière à favoriser l'essor de nouveaux usages inédits, souvent collectifs, de la part des pronétaires.

La vraie révolution est là. Le Web 2.0 permet de plus en plus aux pronétaires de s'approprier l'information, de la valider, de la partager et de la diffuser. De nombreux sites ou services qui ont été décrits précédemment sont considérés comme faisant partie de ce nouvel Internet : le service de cartes interactives Google Maps, les services de partage de photos (Flickr) ou de bookmarks (Del.icio.us), les réseaux sociaux, les systèmes de fiabilisation de l'information des vendeurs d'eBay et d'Amazon, les publicités contextuelles, les nouveaux systèmes de P2P et, naturellement, les blogs, les wikis et les média citoyens. Avec le Web 2.0, ce sont les pronétaires qui se réapproprient Internet en utilisant leur intelligence individuelle et collective.

Les pronétaires peuvent déclarer : maintenant, c'est « notre » Web. Il n'y a plus de « spectateurs » et de « consommateurs ». Désormais, les pronétaires prennent une part active à la création de contenus en ligne. Le slogan célèbre de la société Sun Microsystems il y a quelques années : « Le réseau *est* l'ordinateur », devient : « Le réseau est maintenant *votre* ordinateur. » Sur des millions de sites Web et de blogs, l'énergie créative des pronétaires se manifeste par la production de logiciels libres, d'émissions de radio, d'articles et de photos. Sur le seul site de MySpace.com, 21 millions de visiteurs passent chaque mois des heures à partager leurs idées et à échanger des photos ou de la musique avec des amis.

Un exemple de site dont le contenu est entièrement produit par les internautes est PostSecret. Il s'agit d'une sorte de journal intime, mais partagé et donc offert à tous. Tous les jours, des milliers de personnes racontent ou illustrent leurs confessions et leurs histoires personnelles sur des sortes de cartes postales, lues par des millions d'internautes.

Des histoires poignantes, sordides, comiques, ironiques ou blasées qui ont conduit à propulser PostSecret parmi les 10 sites les plus populaires des 13 millions de blogs recensés par Feedster.com, un moteur de recherche de blogs et de RSS.

Dans le domaine de la photo, Flickr.com, récemment acheté par Yahoo, est incontournable. Il suffit de taper un mot lié à l'actualité, comme Irak ou Katrina, pour trouver des photos prises sur place moins d'une heure plus tôt. Flickr peut être considéré comme « les yeux du monde » ; il s'enrichit de 1,2 million d'utilisateurs par jour, qui rejoignent la foule des 37 millions d'habitués.

Un autre site pronétarien qui connaît un succès phénoménal est Cyworld, en Corée du Sud. Il est en train de séduire tout le pays, avec 15 millions d'utilisateurs moins de quatre ans après son lancement. Les psy trouvent même que la génération des 15-20 ans est dangereusement accro à Cyworld !

Ce service permet à chacun de créer sa page personnelle pour y mettre texte, photos, vidéos, musique, etc. Rien de très différent, semble-t-il, de MSN, My Yahoo, My Space ou Facebook. Si ce n'est que les pages de Cyworld apparaissent en 3D. On peut décorer son espace, sa chambre, son appartement, avec des meubles numériques virtuels, ajouter une télé, une chaîne hi-fi sur laquelle le visiteur pourra cliquer pour écouter la musique qu'aura sélectionnée le « propriétaire » des lieux… On peut même y croiser des « avatars » animés et dialoguer avec eux par messagerie instantanée. Pour améliorer sa page, sa « minihompy », le détenteur du site procède à des achats qu'il paie en « dotori » (littéralement des noisettes), une monnaie spécifique que l'on peut acquérir par le biais de sa facture de téléphone, d'Internet... Cyworld est également accessible depuis un téléphone portable. On comprend pourquoi il existe une population de cyberdrogués !

Une des propriétés qui a valu à Cyworld son extraordinaire succès est l'option « surfer la vague ». Quand on lit un message sur un panneau d'affichage ou que l'on regarde des photos, il est possible de cliquer sur le nom d'une personne ayant ajouté un commentaire et l'on est aussitôt transporté dans sa « chambre virtuelle ». Si l'on aime sa musique ou ses écrits, on peut ainsi se présenter et devenir un cybuddy (cybercopain ou cybercopine). Si l'on est accepté par son correspondant, on peut ajouter ses photos ou son texte à sa propre page personnelle. Cette chaîne de surfing crée, par effet d'amplification, des communautés qui souvent se transforment en clubs d'intérêts communs sur les thèmes les plus divers, du sport à l'art en passant par la philosophie.

Le tagging, dont il a été question précédemment, engendre lui aussi un étonnant effet boule de neige. En 2004, Mark Ghuneim, fondateur et PDG de Wiredset Digital Agency, à New York, a commencé à utiliser le site de Del.icio.us pour « étiqueter » des articles ou des pages Web intéressants. Il s'est alors aperçu que ce site pouvait être particulièrement intéressant pour ses affaires. Par exemple, en suivant une étiquette (tag) pour un orchestre, une entreprise de production de musique pouvait connaître et mesurer le niveau de buzz créé après le passage de ces musiciens à la radio ou à la télévision. Et même suivre les bavardages (chat) des internautes sur cette formation, minute par minute !

La puissance de Del.icio.us résulte des capacités de sélection d'information et d'étiquetage de ses milliers de membres. Ce service a été créé fin 2003 par Joshua Schachter, analyste chez Morgan Stanley, pour mettre à jour et partager des favoris. Schachter a démissionné de son entreprise pour lancer Del.icio.us avec l'aide du venture capital. Aujourd'hui, 200 000 abonnés sélectionnent et étiquettent des milliers d'articles, de blogs, de photos, de films ou de musiques…

De grandes entreprises tentent maintenant de tirer profit des services de Del.icio.us en captant le flux des informations et des tags émis par les pronétaires. Ils peuvent ainsi suivre des tendances, anticiper des marchés. Mais ces pratiques conduisent, évidemment, à des problèmes liés aux atteintes à la vie privée et à la confidentialité des informations personnelles, en raison de l'utilisation des logiciels de collecte et de stockage des données clients par les industriels.

Wiredset, par exemple, développe et propose des services à partir de Del.icio.us pour permettre aux marques de suivre en temps réel l'impact de leurs campagnes de marketing. Par exemple, si la société Sony BMG Music Entertainment lance un nouvel album en MP3 de l'orchestre de Franz Ferdinand sur My Space, elle peut suivre le buzz sur le Net ou mesurer l'impact sur les ventes du CD par Amazon.com d'un passage sur MTV. Des entreprises de formation ou d'organisation de séminaires, comme MarCom Interactive, créent des pages de ressources à partir de tags vers des blogs, des sites Web et des recherches présentées au cours de séminaires. L'entreprise et ses clients peuvent ainsi ajouter d'autres liens, mettre à jour les anciens, en permettant aux discussions de se poursuivre et de s'enrichir dans le temps.

Fabriquer des objets physiques

Les pronétaires ne vont pas se contenter de fabriquer des produits numériques (textes, musique, vidéos, jeux, etc.). D'étonnants outils leur donnent désormais la possibilité de fabriquer des objets physiques à partir d'imprimantes 3D. Dans son livre prémonitoire [1], Neil Gershenfeld, directeur du Center for Bits and Atoms du MIT, les appelle des fab labs, des micro-usines de production individuelle d'objets. Les imprimantes 3D peuvent usiner des matériaux en plastique, en céramique ou métalliques.

Une pièce métallique est usinée ainsi : une buse projette une poudre métallique, couche par couche, sur un support mouvant, tandis qu'un laser, suivant les mouvements de la buse, soude au fur et à mesure la pièce en formation. La buse et le laser sont commandés par un logiciel recevant, par exemple, depuis Internet les commandes numériques nécessaires, correspondant au plan de la pièce. Pour du plastique, la plate-forme mouvante descend dans un bain de plastique liquide, qui est polymérisé par couches successives sous l'effet d'un laser. L'utilisateur voit ainsi l'objet (un jouet,

1. Neil Gershenfeld, *FAB. The Coming Revolution on Your Desktop. From Personal Computers to Personal Fabrication*, Basic Books, 2005.

un support d'iPod, un crâne pour l'enseignement de l'anatomie…) prendre forme sous ses yeux.

La fiabilité et la précision de ces outils sont telles que l'armée américaine en Irak utilise un Mobile Part Hospital, ou MPH (un hôpital mobile de réparation de pièces), comportant des imprimantes 3D pour réparer sur place, sans attendre l'envoi des pièces de rechange, des pièces métalliques essentielles aux véhicules de transport ou aux armements. Les unités MPH ont déjà produit en Irak et au Koweit plus de 13 000 pièces de rechange.

Les industriels y viennent aussi. En 2004, le producteur d'automobiles britannique MG Rover a économisé six semaines de travail et plus de 80 000 dollars en « imprimant » 1 800 clips en plastique. La société Diebold, dans l'Ohio, fabrique de cette manière des pièces plastiques pour les caisses enregistreuses. Le monde médical commence à son tour à utiliser les imprimantes 3D, par exemple pour fabriquer des prothèses osseuses en céramique ou des implants dentaires. Les imprimantes 3D, de la taille d'un petit réfrigérateur, sont encore coûteuses. Leur production est dominée par trois entreprises américaines – 3D Sytems, Stratasys et Z corp –, mais il faut aussi citer la société Eos, en Allemagne, et une douzaine de start-up en Europe et au Japon. Sony et DuPont se lancent également dans ce marché, qui va croître de 31 % en 2005 pour atteindre 1 milliard de dollars. D'après les experts, le prix des machines va considérablement diminuer dans les années à venir. On verra arriver sur le marché des imprimantes 3D portables qui trouveront leurs applications dans les foyers, les garages, les petits ateliers. La liaison entre l'Internet, le PC personnel et les micro-usines personnelles sera alors réalisée, ouvrant des possibilités de production décentralisée encore inimaginables aux pronétaires. La compétition deviendra encore plus vive entre les pouvoirs centralisés traditionnels et les nouveaux pouvoirs des pronétaires du numérique et du monde physique, au cœur même de l'univers des bits et des atomes.

Des consommateurs pronétaires et partenaires de l'entreprise ?

Nous l'avons vu, la nouvelle nouvelle économie pose des problèmes culturels, politiques, sociologiques et économiques immenses. Par exemple, les entreprises doivent remettre en question les techniques qu'elles utilisent actuellement pour toucher les consommateurs. Une façon de cibler plus précisément les demandes de leurs clients serait de coopérer davantage avec eux. De passifs, les consommateurs deviendraient alors acteurs (consommacteurs) et pourraient agir de manière constructive en aidant les entreprises à développer des produits mieux adaptés à leurs besoins. Or celles-ci communiquent toujours sur un mode pyramidal.

Pour que le consommateur devienne leur partenaire stratégique, il est indispensable d'échapper au cadre *brick & mortar* et d'utiliser les blogs, vlogs, wikis, journaux citoyens, IM, chats… comme outils de marketing et de relation avec la clientèle. C'est grâce à cette indispensable transition culturelle, sociologique, industrielle et économique que les entreprises de demain sauront conserver leur image et leur marque tout en offrant des produits diversifiés et personnalisés à des publics de plus en plus vastes. De leur adaptation à cette société de l'abondance dépendront leur développement, leur capacité à imaginer des produits innovants pour nos sociétés et, par conséquent, à engranger des bénéfices.

Les entreprises doivent passer par quatre grandes étapes avant de pouvoir apporter une valeur ajoutée à leurs clients. Juste après la production de masse, la première est la production de qualité (avec ses différentes procédures de contrôle qualité). La seconde allie qualité et personnalisation. La troisième franchit un nouveau pas avec la relation à l'environnement. L'entreprise, qui s'est emparée de la notion de développement durable, se dit soucieuse de l'environnement et déclare vouloir le protéger en recyclant les produits et en utilisant le moins possible de ressources naturelles en amont pour éviter de générer des déchets trop nombreux.

La quatrième étape, plus récente, concerne surtout les entreprises organisées autour des « symboles immatériels » (comme l'art, les voyages, le sport, le partage d'expérience), par opposition aux « symboles matériels », et dont l'activité est liée à la communication, à l'information et aux média. Afin d'encourager les gens à consommer davantage de symboles immatériels, elles s'orientent vers des produits ou activités transmetteurs de sens. Pour y parvenir, elles tentent de capter le consommateur en le faisant adhérer à leur charte de valeurs (liées par exemple à l'environnement, à l'humanitaire, au commerce équitable...). Même de grands producteurs de programmes culturels pour la télévision cherchent à créer des émissions qui ont du sens. Telfrance ou Téléimage, par exemple, qui produisent habituellement des feuilletons de première partie de soirée, s'intéressent de plus en plus à cette télévision porteuse de sens. L'idée n'est pas d'enseigner quelque chose au téléspectateur, mais bien de lui permettre de se situer par rapport à des valeurs partagées.

Cette tendance est également perceptible dans l'automobile et les voyages de loisir. Les grands constructeurs modernes tels que Toyota ou Nissan fabriquent désormais des automobiles hybrides, *environment friendly*. Ces « écovoitures », qui consomment peu d'essence et libèrent donc peu de CO_2, incitent instinctivement le conducteur à modifier son attitude au volant, notamment en conduisant de manière plus civique et solidaire... Plusieurs marques commencent d'ailleurs à miser sur ces valeurs émergentes pour vendre leurs voitures en sensibilisant leurs acheteurs à un comportement plus citoyen ou plus écologique. Autre exemple : de plus en plus de villages de vacances proposent une activité culturelle à leurs clients en plus des traditionnelles activités sportives ou séances de bronzage à la plage. Des philosophes, des scientifiques, des artistes sont ainsi invités à animer des séminaires sur place.

L'entreprise vit donc actuellement une transition culturelle, sociologique, économique et industrielle. Pour pouvoir conserver son image et conquérir de nouveaux marchés, qui s'appuient sur la capacité d'adaptation des consommateurs à la société de l'abondance numérique, elle devra trouver des réponses à la plus grande diversité des besoins de chacun. L'association paradoxale des infocapitalistes et des pronétaires, bien différente des luttes de classes caractéristiques de la société de l'énergie et de la production de masse centralisée, sera peut-être une des solutions du futur pour un codéveloppement respectueux de la diversité et de l'environnement.

Chapitre 7

Intelligence collective et macro-organisme planétaire

Des essaims de pronétaires créateurs de contenus et de valeur ajoutée

Pour la première fois dans l'histoire des sociétés humaines, la coopération de masse des usagers peut avoir, en un temps très bref, des retombées économiques. Les média porteurs de publicité, comme Google, utilisent le jugement collectif de millions d'usagers ou de créateurs de pages Web pour déterminer automatiquement quels sont les résultats de recherche répondant le mieux à une question posée. Un effet d'amplification est produit car de nombreux utilisateurs visiteront les sites arrivés en tête, contribuant ainsi à attirer de nouvelles personnes adressant des requêtes.

D'autres entreprises plus traditionnelles, comme Procter & Gamble, Eli Lilly ou Lego, utilisent, on l'a vu, des « essaims » d'internautes répondant en ligne et en temps réel pour les aider à définir leur stratégie, à prédire les marchés, à créer de nouveaux produits, et même pour servir de « vendeurs » enthousiastes et prosélytes, capables de partager des valeurs communes avec d'autres prospects. Une société de courtage en ligne, Marketocracy Inc., utilise les avis de 70 000 boursicoteurs en ligne (il s'agit d'amateurs et non d'agents de change ou de courtiers professionnels). Le but : suivre les valeurs des portefeuilles de placement ayant les meilleurs rendements afin de permettre aux clients de son fonds de placement mutuel de 60 millions de dollars d'acheter et de vendre les actions les plus performantes.

Cette montée en puissance des pronétaires inquiète évidemment les entreprises de structure classique, avec leur hiérarchie rigide et leur système de commandement et de contrôle pyramidal. Elles doivent désormais compter avec des groupes de consommateurs qui non seulement décident de ce qu'ils veulent, mais parviennent même à le produire. Et leurs voix se font entendre. Ils n'ont plus besoin d'attendre que les journaux et magazines veuillent bien publier leurs lettres dans le courrier des lecteurs : ils expriment instantanément leurs opinions dans des blogs à l'influence croissante. On assiste ainsi à l'émergence d'une économie du peuple, par le peuple et pour le peuple.

Un nouveau type de production industrielle, mais cette fois de particulier à particulier (peer to peer), se trouve amplifié par l'effet de levier du Web. On l'a vu, eBay ou Amazon utilisent l'intelligence collective des millions d'utilisateurs de leurs services pour noter, évaluer, crédibiliser des livres, des produits et même des personnes, ce qui crée de la valeur ajoutée. Un comportement social partagé acquiert ainsi une vraie valeur économique dans un marché. eBay permet à un nombre illimité d'acheteurs et de vendeurs d'assurer un prix d'équilibre entre l'offre et la demande autour d'un immense choix, grâce un système d'enchères en temps réel. Celui-ci repose sur la confiance : ce sont les internautes acheteurs ou vendeurs qui entrent en relation, sans se connaître, pour envoyer le produit ou pour le payer. eBay prélève environ 7 % du montant des transactions. Chacun évalue et note la fiabilité de l'autre grâce à un système de notation inventé par la société.

Ce système unique en son genre jette les bases d'une nouvelle forme d'économie, un nouvel écosystème économique fondé sur le « capital confiance » de millions d'agents économiques en interaction permanente, très différent du marché traditionnel, basé sur les marques, la publicité, les politiques de prix, les soldes et les réseaux de distribution.

eBay va encore plus loin dans la valorisation du pronétariat. L'entreprise est devenue un véritable catalyseur de talents. Une sorte de Silicon Valley virtuelle favorisant, par un effet de cercle vertueux, la promotion d'entrepreneurs, la création de start-up et donc le développement économique. Le succès d'eBay a ainsi favorisé l'essor d'une multitude de fournisseurs de services. Plus de 16000 « assistants vendeurs » agréés par eBay proposent aux internautes dont le temps est limité de vendre en ligne et pour leur compte différents produits, contre une commission de 10 à 40 % sur le prix obtenu. En un an, aux États-Unis, certains de ces « assistants » sont devenus des PME proposant des chaînes de magasins en franchise, telles que I Sold it ou QuickDrop, où les vendeurs viennent déposer leurs objets à mettre en vente. Il existe aujourd'hui plus de 5 000 dépôts sur tout le territoire américain.

Pour les créateurs et éditeurs de logiciels, le succès d'eBay a été payant. Il y a trois ans, le site a donné accès à son code pour permettre le développement d'applications intégrées. Depuis ce jour, plus de 15 000 sociétés et développeurs indépendants proposent de multiples logiciels pour faciliter la vie des utilisateurs d'eBay. Certaines de ces entreprises comptent désormais des centaines d'employés et atteignent des chiffres d'affaires annuels de l'ordre de 150 millions de dollars. D'après Gaëlle Macke, du journal *Le Monde*, la France est le pays européen où eBay a le plus progressé en 2004, avec une croissance de 160 % de la valeur des transactions (437 millions d'euros). Le site d'enchères organise des cours pour faire connaître son fonctionnement. La France compte 3 millions d'utilisateurs d'eBay, mais il y aurait moins de 2 000 vendeurs français professionnels sur le site, contre 10 000 au Royaume-Uni et plus de 15 000 en Allemagne. Les Français ne sont pas en retard en matière d'e-commerce, mais ils préfèrent encore acheter auprès de cybermarchands que de particuliers.

Émergence des cybertribus et corégulation citoyenne

Notre monde est multipolaire : les instances traditionnelles des secteurs politique, médiatique, juridique et religieux côtoient un foisonnement de groupes (d'utilisateurs, de consommateurs, de citoyens...) qui se forment dans tous les secteurs.

Au sein de ce nouveau paysage apparaissent des « tribus » (culturelles, « tendance », éducatives, associatives, sportives, politiques...) et des gourous médiatiques (vedettes de cinéma, champions, leaders d'opinion, auteurs...) qui fédèrent une population partageant la même culture, les mêmes valeurs ou tout simplement les mêmes goûts. Certaines tribus se découvrent des affinités avec d'autres, donnant lieu à des fédérations de tribus qui s'interconnectent et échangent.

Tout le monde craignait l'avènement d'un monde de la communication unifié (avec le satellite, le téléphone, le portable et Internet) qui aurait eu pour langue dominante l'anglais. On assiste au contraire à l'émergence d'un monde tribal, avec des valeurs et des cultures propres. En effet, chacun (particulier ou professionnel) se reconnaît dans une ou plusieurs « catégories » et développe, à travers des valeurs partagées, un sentiment d'appartenance à une ou plusieurs tribus, différentes mais parfois complémentaires. Ce sentiment d'appartenance émerge de la « base » à travers les média des masses.

Au début d'Internet, la plupart des grands clercs pensaient qu'il serait une machine à homogénéiser, que la langue anglaise serait toute-puissante et que le réseau serait dirigé par quelques grands nœuds de réseaux (de grands hubs) qui dicteraient à tous la conduite à tenir. En fait, ce n'est pas ce qui s'est produit. Certes, les plus grands sites sont anglo-saxons, en particulier américains. On a souvent cité Google, Yahoo, MSN... Mais, dans tous les pays du monde, des communautés Internet devenues très populaires se sont créées dans leur langue d'origine. À la surprise générale, au lieu d'être un système global et homogénéisant, Internet permet de s'exprimer à un nombre croissant d'inventeurs, de créateurs, de prix Nobel, d'humanistes, d'artistes, de religieux, de philosophes, de politiques, mais aussi de destructeurs, de pirates, de « bandits de grands chemins »...

Internet est le miroir de la société physique dans une société virtuelle. Jusqu'à l'apparition de ces média des masses, les moyens d'expression collective classiques n'offraient pas à ces tribus la possibilité d'avoir un poids déterminant face aux grands pouvoirs politiques traditionnels. Avec le réseau futur d'Internet (HD, VTHD, réseaux pervasifs, portables « mettables » directement sur le corps...), chacun sera, s'il le souhaite, de plus en plus connecté. Le téléphone portable, avec le succès des SMS, illustre bien cette volonté de connexion. Contre toute prévision, même les populations des pays en développement utilisent des téléphones portables et des télévisions par satellite. Et, dans les favelas brésiliennes, on voit la grande pauvreté et l'insalubrité cohabiter avec les antennes paraboliques...

Pendant longtemps, la plus grande partie des citoyens ne possédait pas le niveau d'éducation suffisant pour bien cerner les intentions des leaders d'opinion. Aujourd'hui, la population est plus éduquée, mieux informée, et se sent plus concernée. Les citoyens échangent de plus en plus, partagent et comparent avis et expériences. Mais si le système actuel de régulation de la société n'est pas satisfaisant, le système émergent ne l'est pas non plus.

Comme cela a déjà été dit, quelques-uns décident « en haut » et imposent à tous des lois dont le non-respect est sanctionné (lois rédigées, en principe, par des élus du peuple, bien que ceux-ci ne soient pas toujours totalement représentatifs – tout dépend du système électoral en place). Ce fonctionnement pouvait convenir dans une société de l'énergie reposant sur la distribution de la rareté. Il n'est plus valable dans une société de l'abondance où les citoyens ont non seulement accès à l'information, mais en sont eux-mêmes producteurs. La régulation ne pourra plus s'effectuer du haut de la pyramide vers le bas. Plus personne, en effet, n'acceptera que des technocrates décident seuls ou en petit comité.

Si les communications « tous vers tous » se sont si rapidement développées sur le réseau, c'est bien le signe que les utilisateurs refusent le diktat de quelques-uns. La montée des média des masses va progressivement se traduire par une « corégulation citoyenne ». Mais il est peut-être encore trop tôt. Les utilisateurs ne sont pas encore prêts. Les citoyens n'ont pas encore réellement pris conscience du fait que, en s'unissant avec cohérence et intelligence, ils pourraient créer un contre-pouvoir ou une « intelligence collective ».

Dans une démocratie, il relève de la responsabilité des gouvernements élus d'édicter les grandes règles, les garde-fous respectant le principe de « subsidiarité[1] ». « J'assume » signifie : je prends sur

---

1. Le principe de subsidiarité est celui en vertu duquel les décisions doivent être prises par le niveau d'autorité publique compétent le plus proche des citoyens (www.pronetariat.com/31).

moi ce qui m'est imposé. « Je subsume » (verbe proposé par Nietzsche) veut dire : je sais que ceux qui décident en haut de la pyramide sociétale feront mieux que moi. Je ne délègue pas « à l'envers », mais je fais confiance. C'est une vision nouvelle de la société. « Assumer » a sans doute semblé plus clair que « subsumer ».

Pourtant, c'est le sens originel du « principe de subsidiarité » qui apparaît pour la première fois dans le projet de traité de Maastricht. Dans une corégulation citoyenne, l'État ou les gouvernements édictent des règles consensuelles après consultation du peuple. Dans le même temps, les citoyens informés et connectés entre eux « subsument » : ils s'en remettent au sommet de la pyramide car ils pensent que le haut réussira mieux qu'une collectivité d'individus peu organisée. Dans la société numérique et la société de l'abondance, il leur appartient également de coréguler les fonctions sociétales qui permettent de faire émerger des valeurs et une éthique partagées.

Média des masses, contre-pouvoir et intelligence collective

La montée des média des masses nous laisse entrevoir une opportunité d'équilibrer la société plus efficacement en trouvant un compromis entre la régulation par le haut et la corégulation par le bas. Nous sommes à l'aube de ce contre-pouvoir, fondé sur l'intelligence collective et les média des masses. Pour le moment, l'expression de cette intelligence collective se limite à descendre dans la rue avec sa caméra vidéo ou de télévision, ou encore à organiser des manifestations spontanées, des smart mobs (voir p. 48).

Ce phénomène collectif avait été décrit de manière rudimentaire dans *Le Macroscope*, publié en 1975, avec une expérience originale menée aux États-Unis dans un stade de 10000 personnes. Les spectateurs avaient sur leur siège une sorte de petite palette comportant au recto et au verso un Cataphote réfléchissant, vert ou rouge. Devant eux, un immense écran sur lequel apparaissaient des questions et des images. Étonnés, les spectateurs ne comprenaient pas ce qu'ils devaient faire, jusqu'à ce qu'ils réalisent que leur Cataphote, amplifié par la lumière de projecteurs, renvoyait une tache rouge ou verte sur l'écran central selon qu'on le tournait dans un sens ou dans l'autre. Chacun pouvait ainsi localiser son « pixel » et le faire passer du rouge au vert alternativement. Un ordre s'affichait alors à l'écran : « Quand un carré apparaît et bouge, les "rouge" doivent l'envoyer du côté gauche de l'écran en tournant leur palette vers le côté rouge, tandis que les "vert" font la même chose dans la direction inverse, vers la droite. » Même procédure pour déplacer ensuite une sorte de raquette virtuelle vers le haut ou le bas.

Surprise : tous les utilisateurs (10000 personnes !) se coordonnaient très vite et pouvaient même utiliser les raquettes apparaissant sur l'écran pour se renvoyer une balle virtuelle, comme dans un jeu de ping-pong, en déplaçant de manière coordonnée leur raquette vers le haut ou vers le bas. À l'apparition d'un cube tournant sur lui-même et comportant des faces vertes, orange, bleues et noires, l'instruction était la suivante : « En tournant votre palette plus ou moins rapidement, ralentissez le mouvement du cube, puis arrêtez-le sur la face bleue. » En se coordonnant à nouveau, les participants y parvenaient en moins d'une minute ! Voilà une belle démonstration d'intelligence collaborative, où des milliers de personnes agissent ensemble, avec des gestes simples, pour parvenir à un objectif commun. Dans le même esprit, quand une foule applaudit à la fin d'un concert, les applaudissements explosent tout d'abord de façon désordonnée, chaotique, puis chacun finit par applaudir au même rythme que ses voisins. Cependant, personne n'est capable de déterminer qui a donné le tempo de ces applaudissements synchronisés.

Dans ce nouveau contexte de participation collaborative et de corégulation, il semble indispensable de réfléchir au devenir des entreprises et à la relation qu'elles entretiennent avec l'État. Les politiques du monde entier ont parfaitement compris l'effet démultiplicateur qu'ils pouvaient obtenir d'Internet, qu'ils ont appelé (à tort) un « nouveau média ». Ils ont commencé à utiliser le Web de la même façon qu'ils utilisaient la presse ou la télévision. Pour eux, Internet est un moyen supplémentaire d'exporter leur vision et de convaincre le plus grand nombre de citoyens de son bien-fondé.

Mais considérer Internet comme une simple permanence électorale dans le cyberespace est une erreur. Les politiques n'ont pas compris que l'utilisation efficace d'Internet passe par son feed-back global, par sa réactivité. Mieux vaut ne pas avoir de site ou de blog si l'on n'est pas capable de répondre rapidement aux questions posées en ligne par les citoyens. Signalons tout de même deux expériences intéressantes réalisées par deux sénateurs français, René Trégouët et Franck Sérusclat : ils ont lancé un système de corédaction de textes législatifs, soumettant leurs projets de loi aux internautes, qui sont invités à réagir, voire à faire des suggestions.

Il est donc possible de trouver une réelle complémentarité entre les idées des citoyens – qui ne se manifestent plus exclusivement à travers un bulletin déposé dans l'urne, mais également par une intervention concrète (articles, liens) sur le Net – et des politiques dont une des principales fonctions consiste à faire voter des lois. Il devient nécessaire de réinventer une cyberdémocratie qui ne serve pas seulement à faciliter l'administration, notamment en permettant aux contribuables de déclarer leurs revenus en ligne, mais à engager véritablement le dialogue entre le politique et le citoyen. L'accélération de l'évolution de la civilisation du numérique rend indispensable cette adaptation.

Les mutations portent désormais sur des idées, des visions du monde, des outils techniques, et plus seulement sur le biologique. Les gènes des cellules vivantes sont relayés par des gènes sociétaux, les *memes*, comme les appelle Richard Dawkins[1], accélérant l'évolution des idées, notamment par les média et surtout Internet. Dans la biosphère, la sélection darwinienne ne pouvait opérer que sur des êtres réels. Il a fallu attendre des millions d'années pour savoir si le résultat d'une mutation était

---

1. Richard Dawkins, *The Selfish Gene*, Oxford University Press, 1989, trad. fr. *Le Gène égoïste*, Armand Colin, 1990.

favorable ou non à la survie et à l'adaptation d'une espèce donnée. Puis un être vivant doté d'un cerveau complexe a créé de la nouveauté et de la variété grâce à ses inventions, analogues à des mutations biologiques.

Alors que des millions d'années avaient été nécessaires pour faire évoluer son espèce, l'homme a pu imaginer avec son cerveau la roue, le crayon, l'aile d'avion, l'eau chaude et le fil à couper le beurre ! Cet « inventeur » vient de séparer deux mondes : le monde réel et le monde imaginaire. Il peut inventer des objets qui n'existent pas dans la nature, créer des prototypes et les tester. Une accélération prodigieuse va résulter de la rencontre entre la biosphère et la technosphère. Avec Internet, l'homme invente un nouvel environnement, reflet de la société : le monde virtuel, qu'on appelle aussi le cyberespace.

Ainsi, trois mondes vont coexister : la biosphère, la technosphère et la cybersphère. La cybersphère provoque un bouleversement dans le temps et dans l'espace : entreprendre des actions et interactions collaboratives, même si les intervenants sont séparés par des milliers de kilomètres, ne prend désormais que quelques secondes. C'est cette prodigieuse accélération que nous vivons aujourd'hui, conduisant à une société en temps réel, comme celle décrite dans *Le Macroscope*.

Une intelligence collective, pour quoi faire ?

Les hommes construisent ainsi, « de l'intérieur », un macro-organisme planétaire, une sorte de cerveau dont nous devenons les « neurones » : le Cybionte[1]. Des millions d'usagers, de pronétaires, contribuent à enrichir ce métaordinateur parallèle que l'on appelle aujourd'hui Internet ou World Wide Web. Comme le fait remarquer Kevin Kelly[2], le plus étonnant dans cette machine gigantesque dont nous sommes les éléments vivants est qu'elle fonctionne sans interruption depuis maintenant plus de quinze ans.

Dans quelques dizaines d'années, le système comportera sans doute son propre système immunitaire, comme celui d'un organisme vivant, capable de lutter contre les virus dans l'intérêt de tous. C'est d'ailleurs l'objectif du futur Internet appelé GENI (Global Environment for Networking Investigations), lancé à l'initiative de la NSF (National Science Foundation) et fondé sur une architecture informationnelle à même d'améliorer l'e-mail, de lutter contre les virus, les spams ou les hackers.

Le surprenant phénomène global auquel nous contribuons peut être décrit de la manière suivante. Aujourd'hui, nos ordinateurs fonctionnent à partir d'*operating systems*, en abrégé OS (Microsoft Windows, MacOS ou Linux), sans lesquels écrire, calculer, envoyer des e-mails ou encore stocker ses photos ne serait pas possible. Bientôt, Internet deviendra l'OS universel dont se servira la collectivité. La grande question sera alors : qui seront les programmeurs de cet OS ouvert et collaboratif ? La réponse est simple : ces programmeurs sont déjà en action. Ce sont les internautes eux-mêmes, c'est-à-dire les pronétaires. Le Web du futur sera « notre

1. Voir Joël de Rosnay, *L'Homme symbiotique*, *op. cit.*
2. Kevin Kelly, « We are the Web », *Wired*, août 2005.

Web ». Chacun contribuera à charger (uploader) de l'information *vers* ce système global, à partir de son ordinateur, de son PDA, de sa caméra numérique ou de son camphone.

Chaque fois qu'une personne met sur le Web une photo, un article, crée un tag ou envoie des liens cliquables dans un e-mail, elle contribue à créer une nouvelle « idée » dans le cerveau planétaire du Cybionte. Quand une personne clique sur une page, modifie un blog, rédige un commentaire, elle reprogramme le métaordinateur de l'intérieur. De la même manière, chaque fois qu'une personne crée un lien, enregistre un favori ou ajoute une adresse e-mail dans ses contacts, elle contribue à renforcer des liens physiques, presque « biologiques » ou « cyberneurologiques ». Et cela selon un processus analogue au processus d'apprentissage qui, dans le cerveau, renforce certaines connexions entre des neurones, contribuant à la mémorisation des informations et des émotions.

Dans l'optique de l'économie traditionnelle, chaque personne envoyant de l'information vers le Web est censée recevoir en retour une rémunération, une reconnaissance ou de l'information à valeur ajoutée. Dans la nouvelle optique de cet OS global, les producteurs d'informations ne s'attendront plus à ce que chaque élément transmis dans la mémoire du réseau soit téléchargé par un usager contre une rémunération, quelle qu'elle soit. Au contraire, les informations spontanées s'accumulent en constituant une gigantesque base de données réutilisable par chacun, à tout instant, grâce aux puissants moteurs de recherche contextuels et intuitifs qui se mettent en place.

Le terme d'« intuition » est d'ailleurs approprié. L'intuition fonctionne dans notre cerveau à partir de bribes d'informations inconscientes, mais qui se relient subitement à la suite d'une émotion, d'une lecture, d'un événement. Ainsi, les pronétaires, assistés par des agents intelligents, seront capables de regrouper, de faire converger, de réutiliser des informations mises en mémoire par d'autres sur tous les sujets imaginables. Chaque outil qu'ils utilisent (voir chapitre 3) sera une fenêtre ouverte sur cet immense ordinateur. Il n'y aura plus de « convergences technologiques » au sens où l'entendaient jadis les grandes entreprises du multimédia. Les différentes technologies ne convergent pas par elles-mêmes. Le métaordinateur parallèle qu'est en train de devenir Internet sera le « continent » vers lequel toutes ces fenêtres convergeront.

En quelque sorte, comme le fait remarquer Kevin Kelly, chacun sera capable de voir « de l'autre côté du miroir ». Déjà avec Google Maps on peut localiser sa maison depuis l'espace ; bientôt, sans doute avec Google Trafic, il sera possible de visualiser en temps réel les flux et la dynamique des interactions sur le Web mondial. Google cherche ainsi à nous renvoyer notre propre activité en temps réel, nous permettant de prendre conscience, collectivement, de nos actions communes, et peut-être de notre intelligence collective, en attendant… une « conscience collective » ?

Si l'évolution se produit à la fois de façon continue et discontinue, par paliers, la courbe de l'Internet devrait traduire une croissance régulière du nombre d'utilisateurs (700 millions aujourd'hui). On prévoit le doublement de ce chiffre d'ici cinq ans pour approcher 1,5 milliard d'individus connectés (sur une planète de 7 milliards d'habitants environ...).

Il est intéressant d'étudier un autre paramètre souvent négligé, le nombre de connexions possibles à partir d'un nœud du réseau Internet ou « neurone ». Étant entendu que chaque individu possède en mémoire sur son PC ou son mobile des favoris et un carnet d'adresses (des « synapses » potentielles), on peut tracer une courbe illustrant l'augmentation du nombre d'utilisateurs ainsi que celle du nombre moyen de favoris et d'adresses que détient chacun d'entre eux. Ce qui donne une image indirecte du degré de connectivité potentielle du réseau mondial. À partir d'un certain seuil, la courbe Internet fait apparaître un point d'inflexion (le même que pour l'origine de la vie, de la conscience ou de l'économie).

Cette courbe est présentée en détail dans *L'Homme symbiotique*, reprise à partir du modèle des seuils critiques de Stuart Kaufmann[1]. Elle montre que le développement d'Internet s'est réalisé assez lentement au cours des trente dernières années, puis qu'il a atteint une phase explosive (la période actuelle), pour sans doute se stabiliser selon une courbe en « S » (sigmoïde) au cours des trente prochaines années. L'Internet du futur reposera sur des communications entre des centaines de milliards d'objets interconnectés (capteurs, *biosensors*, nanodétecteurs...) plutôt que sur les seules communications entre les êtres humains.

1. Stuart Kaufmann, *At Home in the Universe*, Oxford University Press, 1995.

À quel moment sera atteint le point critique d'inflexion de la courbe, à partir duquel interviendra une mutation profonde de la nature même du réseau des réseaux ? Personne ne peut encore le dire, mais il s'agira certainement d'une étape majeure de l'évolution de l'humanité, comme l'émergence du Web et la montée en pouvoir du pronétariat

Le développement d'Internet rappelle certains des principes fondamentaux mis en œuvre par l'évolution biologique. La compréhension des phénomènes d'émergence est à rechercher du côté des processus de construction de systèmes complexes plutôt que dans l'analyse de leurs éléments constituants. La grande quête de la physique est la compréhension des propriétés de la matière par l'étude et l'analyse du rôle des particules élémentaires. Mais cette analyse intime, censée expliquer de manière causale l'évolution ultérieure de la matière vers des états de complexité croissante, ne rend pas le monde plus intelligible, ni d'ailleurs plus proche. L'explication signifiante s'éloigne avec l'analyse.

La leçon que nous apporte la biologie est la suivante : la complexité émerge de la *dynamique* des interactions entre agents, qu'il s'agisse de molécules, de fourmis ou d'acheteurs dans un marché. Des propriétés nouvelles émergent de cette collectivité organisée. L'individu n'a pas de plan d'ensemble de la structure qu'il construit « de l'intérieur ». Les propriétés de ces systèmes complexes ne sont en aucun cas programmées dans les éléments qui les constituent. La vie, la conscience réfléchie, l'économie, Internet, naissent de manière chaotique, de la dynamique des interactions.

C'est pourquoi le phénomène Internet nous fait entrer dans un nouveau paradigme : il nous oblige à tenter de comprendre, par la synthèse plutôt que par l'analyse, comment les éléments se combinent dans des ensembles plus complexes. Cette démarche nous rapproche de la nature, de notre rôle au sein de l'écosystème informationnel Internet. Nous en sommes désormais une partie intégrante. Ce qui fonde et légitime toute action consciente au cœur de la dynamique du réseau.

Conclusion

Tous coresponsables de notre avenir

Dans le contexte de la lutte entre infocapitalistes et pronétaires, il est difficile de présumer de la victoire des média des masses sur les mass média. En revanche, pour un observateur des grandes tendances scientifiques et techniques et de la convergence des technologies entre elles, il paraît nécessaire de se pencher sur des évolutions auxquelles, en général, nous ne sommes pas suffisamment attentifs. En effet, ces tendances ne s'intègrent pas dans les modèles économiques et politiques. Aussi faut-il les étudier avec la plus vive attention, soit pour les aider à s'affirmer, soit, au contraire, pour les contrer si elles risquent de porter préjudice à la société.

Il aurait été possible dans ce livre de dresser un panorama négatif de l'évolution technologique et d'Internet, de présenter le versant obscur de la mutation que nous sommes en train de vivre. Car rien n'est parfait dans le monde du pronétariat, reflet de la société elle-même, avec ses promesses et ses défis. Pas d'angélisme, donc, d'optimisme déplacé ou de rêve utopique sous-estimant la réalité du monde qui naît.

Plus la personnalisation (des services, des biens, des goûts…) sera poussée, plus le risque d'atteinte à la vie privée sera grand. Plus il y aura de téléphones ou de PDA connectés, plus la localisation géographique et la traçabilité des personnes se développeront. Plus nous effectuerons de transactions financières, plus les attaques de crackers, les vols de numéros de cartes de crédit, la désorganisation des communications par les virus et le spam seront nombreux et fréquents. Plus les pronétaires seront dotés de cyberarmes de désinformation massive, plus celles-ci risqueront d'être utilisées par quelques-uns à des fins répréhensibles. Nous serons vraisemblablement victimes d'épidémies numériques galopantes et de crashs informatiques, naturels ou provoqués.

Mais cet essai se veut constructif. Plutôt que d'annoncer des catastrophes cybernétiques ou numériques, ce dont les média traditionnels ne se privent pas, il a cherché à proposer analyses et approches pratiques face à un développement totalement nouveau et en brutale accélération. Il dessine et indique des pistes permettant d'aider les citoyens à construire leur avenir plutôt que de subir les événements et les évolutions.

Dans cette optique, il privilégie effectivement ce qui serait susceptible de réussir, et pas seulement ce qui pourrait échouer. Nous sommes tous coresponsables de notre avenir. À nous d'arbitrer en permanence. Pour réussir cette corégulation citoyenne, nous devons évoluer vers des valeurs positives pour l'humanité et nous entendre sur le sens du mot « positif », qui ne signifie pas seulement plus de croissance économique. Sur ce point, on ne peut que rejoindre la vision de Patrick Viveret, qui nous incite à « grandir en humanité plutôt que grandir en économie [1] ».

Bien au-delà de ce qu'on appelle aujourd'hui l'« opinion publique », que mesurent régulièrement les sondages, et bien au-delà de ce que Jung, après Freud, appelait la « conscience collective », on voit émerger une « coconscience collective réfléchie ». À un moment donné, il est fort possible que le système global de communication que nous avons « exporté » de nous-mêmes, extériorisé de notre corps, prenne conscience de soi et se pose cette grande question : qui décide, pour faire quoi, pour aller où ? Cette coconscience collective peut rester en lutte en son sein et donc devenir schizophrène. Elle peut aussi allier ses ressources autour de grands desseins pour l'humanité. Dans ce cas, reste à savoir lesquels…

1. Patrick Viveret, *Pourquoi ça ne va pas plus mal ?*, Fayard, « Transversales », 2005.

Remerciements

Ce livre n'aurait pas pu être mené à bien dans un délai aussi bref sans la précieuse collaboration de Carlo Revelli et de son équipe de Cybion, notamment Jérôme Broun, Guillaume Lory et Iannis Pledel. Beaucoup d'idées qui y sont développées, mais aussi des précisions sur la veille technologique, l'intelligence économique et AgoraVox, proviennent de nos nombreuses discussions, ainsi que de la thèse de doctorat de Carlo Revelli (Paris X).

Un grand merci également à Véronique Anger, créatrice et rédactrice en chef des Di@logues stratégiques, pour l'enregistrement et le décryptage des interviews, et surtout pour ses questions stimulantes et pertinentes qui ont contribué à orienter mon propos. Je lui suis aussi reconnaissant pour son aide dans la réalisation du glossaire, de la bibliographie, et l'obtention des liens pointant vers de nombreux sites mentionnés dans le livre.

Henri Trubert, des éditions Fayard, a constamment soutenu mon effort et m'a assisté de ses précieux conseils. Qu'il en soit ici remercié, ainsi que Jacques Robin et toute l'équipe du Grit-Transversales, notamment Philippe Aigrain, Valérie

Peugeot et Patrick Viveret, qui ont bien voulu relire le manuscrit et faire des propositions constructives.

Enfin, un immense merci à Stella pour son écoute attentive et sa patience éclairée pendant la préparation et la rédaction de cet ouvrage, et à Elizabeth Roumanteau, qui accompagne mes travaux de recherche, écrits et conférences depuis de très nombreuses années, pour ses relectures minutieuses et ses suggestions toujours lucides.

Glossaire

Certaines des définitions contenues dans ce glossaire sont extraites de l'encyclopédie libre Wikipedia :
http://fr.wikipedia.org

3G

La 3G désigne la troisième génération des technologies de téléphonie mobile. Accessible au grand public dans certains pays d'Europe depuis 2002 (Norvège, Autriche, France...), cette technologie s'appuie sur la norme Universal Mobile Telecommunications System (UMTS), qui permet des débits bien plus rapides qu'avec la précédente, le GSM.

ADSL

ADSL ou RNA : raccordement numérique asymétrique ou liaison numérique à débit asymétrique, plus communément appelée ligne d'abonné numérique à débit asymétrique. ADSL (forme de xDSL) est une technologie de communication haut débit permettant d'utiliser les lignes téléphoniques déjà existantes afin d'accéder à Internet et à d'autres services et utilisant des fréquences supérieures à celles d'un signal voix. La connexion est établie en permanence sans nécessiter de phase de synchronisation initiale.

BitTorrent

BitTorrent est un système de distribution de fichiers à travers un réseau informatique. Il s'agit à la fois d'un logiciel et d'un principe d'organisation reposant sur la règle suivante : sur un serveur informatique unique, plus une information est demandée, moins elle est accessible (saturation du serveur). Cette tendance s'inverse quand on permet à chaque client informatique ayant téléchargé l'information de devenir lui-même serveur à son tour. On parle de « site miroir ». C'est un effet boule de neige ou de réactions en chaîne. Plus il y a de téléchargements, plus la vitesse des autres téléchargements est rapide.

Blog, blogueur

Un weblog (issu de la contraction des mots anglais *web* et *log*) est un site Web sur lequel une ou plusieurs personnes s'expriment en toute liberté (comme elles le veulent et quand elles le veulent) sous leur véritable nom ou sous pseudonyme. « Weblog » est généralement raccourci en « blog » et parfois francisé en « blogue ». Un blog peut être un journal intime, anonyme ou non, le carnet de bord d'un photographe ou encore un site fréquemment mis à jour qui rassemble des anecdotes croustillantes sur tous types de sujets. On trouve également de plus en plus de blogs d'hommes politiques.

Buzz

Le buzz est une technique marketing consistant, comme son nom l'indique, à « faire du bruit » autour d'un nouveau produit ou service. Il n'utilise pas un média spécifique mais occupe tous les canaux de communication afin de faire parler du produit/service en question. Cette espèce de publicité sauvage, qui s'inscrit dans une stratégie de diffusion pour budgets modestes utilisant des modes de diffusion généralement novateurs, se sert du consommateur comme vecteur du message. Le schéma de diffusion est le bouche à oreille, voire la rumeur. On parle aussi de « marketing viral ».

DVR

Le DVR, pour Digital Video Recording, est un disque dur permettant d'enregistrer ses émissions préférées tout en « zappant » automatiquement la publicité. Le plus populaire, Tivo, a déjà commencé à s'infiltrer dans le grand public aux États-Unis.

Fab lab

Le fab lab (contraction de *fabrication laboratory*) est un atelier de machines-outils pilotées par ordinateur pouvant fabriquer à peu près n'importe quel objet, y compris des produits qui ne peuvent être fabriqués sur une grande échelle. Dans certains pays du tiers-monde, les fab labs permettent déjà à quelques villages isolés de générer eux-mêmes des produits introuvables et/ou d'un prix inaccessible. Ses inventeurs espèrent un jour en faire un périphérique courant des ordinateurs grâce auquel on pourra créer de nouveaux objets ou en réaliser directement à partir de plans disponibles sur le

Web. Le programme « Fab lab » fait partie du Center for Bits and Atoms (CBA) du MIT (Massachusetts Institute of Technology), qui explore les liens entre l'information et sa représentation physique.

Firefox

Mozilla Firefox est un navigateur Web libre, développé par des centaines de bénévoles grâce aux méthodes open source. Il est distribué par la Fondation Mozilla. Avant de se concentrer sur Firefox et sur Thunderbird (gestionnaire de courrier électronique), Mozilla s'est d'abord fait connaître par sa suite intégrée de logiciels Internet héritée de Netscape. Le 29 avril 2005, 170 jours après la sortie officielle de Firefox, le nombre de téléchargements a atteint 50 millions. La dernière version est disponible en 39 langues.

GPRS

General Packet Radio Service, ou GPRS, est une norme pour la téléphonie mobile dérivée du GSM et permettant un débit de données plus élevé. On parle aussi de 2,5G, « G » étant l'initiale de génération et 2,5 indiquant qu'il s'agit d'une technologie à mi-chemin entre le GSM (deuxième génération) et l'UMTS (troisième génération). Le GPRS est une extension du protocole GSM : par rapport à ce dernier, il ajoute la transmission par paquets. C'est une bande passante partagée entre tous les utilisateurs se trouvant dans un même secteur. Le débit théorique maximal est de 110 kilobits/seconde (à l'arrêt, au pied de l'antenne et seul dans le secteur couvert par l'antenne). Le débit maximal attendu avoisine plutôt les 30 à 40 kilobits/seconde par terminal.

HD

Haute définition : le son est de qualité CD (numérique)

IM

L'IM (Instant Messaging, en français « messagerie instantanée ») permet de communiquer avec un interlocuteur distant via des ordinateurs connectés au même réseau informatique, par exemple Internet. Contrairement au courrier électronique, la communication est conçue pour être instantanée (on dit aussi synchrone). Dans certains pays francophones, on parle de « chat », de l'anglais *to chat*, c'est-à-dire « bavarder » (participer à un chat, aller chatter sur un site...). La messagerie instantanée grand public a été révélée par une jeune entreprise israélienne, Mirabilis, qui introduisit ICQ (*I seek you*) en 1996. Mirabilis a depuis été rachetée par le groupe AOL-Time Warner. Aujourd'hui, la messagerie instantanée intègre les fonctionnalités de voix et de vidéo grâce à la webcam.

iPod

L'iPod est un lecteur portatif de musique numérique construit autour d'un disque dur de dimensions réduites (1,8"), conçu et commercialisé depuis 2001 par Apple Computer. Tony Fadell, le père de l'iPod, avait d'abord proposé, sans succès, son idée à Philips et à Real Networks. (Voir aussi « Podcasting ».)

Kazaa

Kazaa est un logiciel permettant d'échanger tous types de fichiers en P2P.

Killer ap

L'expression « killer ap » (*killer application*) désigne un programme informatique si utile qu'il justifie à lui seul l'achat d'un type particulier d'ordinateur, de console de jeux ou de système d'exploitation.

MP3

MP3 est l'abréviation de MPEG-1/2 Audio Player 3, la spécification sonore du standard MPEG-1 du Moving Picture Experts Group (MPEG). Il s'agit d'un algorithme de compression capable de réduire drastiquement la quantité de données nécessaire pour restituer de l'audio. L'auditeur entend une reproduction du son original non compressé, c'est-à-dire avec une perte significative, mais acceptable pour l'oreille humaine, de qualité sonore. L'extension d'un fichier audio compressé au format MP3 s'écrit « .mp3 ».

Nanoadvertising ou microadvertising

Marketing ultraciblé sur des clientèles et des lieux bien spécifiques.

Nouvelle nouvelle économie

Économie plurielle se fondant sur la gratuité d'accès à des services et produits numériques, mais conduisant à faire payer des sommes modestes pour des produits et services personnalisés. Cette économie, typique des modèles de Yahoo, Google ou Skype, consiste à créer du flux (des millions d'accès aux sites) et du buzz (voir ce mot) pour déclencher des effets d'amplification en réseau.

P2P

Abréviation de l'anglais *peer to peer*, que l'on peut traduire par « pair à pair », « égal à égal » ou encore « particulier à particulier ». P2P désigne un type de protocole de communication sur réseau informatique dont les éléments (les nœuds) ne jouent pas exclusivement le rôle de clients ou de serveurs, mais fonctionnent des deux façons en étant à la fois clients et serveurs des autres nœuds. Le P2P est utilisé pour échanger de la musique, des textes, et plus récemment de la vidéo.

P2P TV

Transmission en P2P de vidéos constituant progressivement des chaînes de Web télévision pronétariennes.

Podcasting

Le podcasting est un moyen de diffusion de fichiers sonores ou vidéo sur Internet. Il permet aux utilisateurs de s'inscrire à un fil RSS (RSS Feed en anglais) et ainsi de récupérer de nouveaux fichiers audio ou vidéo automatiquement, par exemple sur un baladeur numérique de type iPod (voir ce mot). Le podcasting se distingue des autres moyens de diffusion d'informations par le fait qu'il utilise le format RSS. Un internaute peut retransmettre sur Internet des émissions en podcasting et ainsi créer sa propre chaîne de radio.

Réseau pervasif

L'adjectif « pervasif » signifie que le réseau est *on* en permanence, c'est-à-dire connecté de façon ininterrompue. On peut communiquer sans fil avec ce réseau par différents outils fixes ou nomades : PC, téléphone, PDA…

RSS

RSS – Really Simple Syndication (syndication vraiment simple) ou Rich Site Summary (résumé complet d'un site) – est un format de syndication de contenu Web. Il s'agit d'un dialecte du langage informatique XML (voir ce mot). Il existe sept formats différents de RSS, ce qui rend indispensable l'établissement d'une norme. À noter que *syndicate*, en anglais, désigne la vente d'un article à plusieurs journaux ; Really Simple Syndication se rapproche donc d'une diffusion journalistique simplifiée.

SDR

La SDR (Software Defined Radio) est une technique révolutionnaire permettant de transformer tout objet électronique (lecteur DVD, console de jeux, magnétoscope, téléviseur, téléphone…) en récepteur radio grâce à la puissance et à la mémoire de nouvelles puces de communication qui adaptent automatiquement les fréquences d'émission et de réception.

Skype

Entreprise de téléphonie et logiciel de communication téléphonique gratuit entre PC ou entre PC et mobiles ou fixes, utilisant le protocole VOIP (voir ce mot). Skype a été fondé par les créateurs de Kazaa, Niklas Zennström et Janus Friis, et compte 55 millions d'utilisateurs dans le monde.

Tag, Tagging

Ce système d'étiquettes (tags) très en vogue sur Internet, permet à des internautes de « marquer » les pages qu'ils jugent intéressantes et de rajouter des annotations, ce qui crée un système de classification et d'organisation des données géré par des millions d'utilisateurs. Dans Wikipedia, le tagging devient la folksonomy, c'est-à-dire la « génération spontanée de classification » (*people's classification management*).

UMTS

L'Universal Mobile Telecommunications System (UMTS) est une des technologies de téléphonie mobile de troisième génération (3G). Elle est elle-même fondée sur la technologie W-CDMA standardisée par le 3GPP et constitue l'implémentation européenne des spécifications IMT-2000 de l'ITU (International Telecommunication Union) pour les systèmes radiocellulaires 3G. L'UMTS est parfois appelé 3GSM, soulignant que l'interopérabilité a été assurée entre l'UMTS et le standard GSM auquel il succède. (Voir 3G.)

Uploader/downloader

En informatique, le téléchargement est l'opération de transmission d'informations (programmes, données, images, sons, vidéos) d'un ordinateur à un autre via un canal de transmission. On distingue le téléchargement depuis un ordinateur distant (download) du téléchargement vers un ordinateur distant (upload ou téléversement ou télédéchargement). On distingue aussi parfois les ordinateurs clients des ordinateurs serveurs. Dans ce cas, le téléchargement est le plus souvent considéré du point de vue du client. On peut donc parler de download vers un client lorsqu'on se trouve sur un serveur.

UWB

L'UWB (Ultra Wideband) est une technique de modulation radio fondée sur la transmission d'impulsions de très courte durée, souvent inférieure à la nanoseconde. Ainsi, la bande passante atteint de très grandes valeurs. L'UWB permet notamment de faire passer l'information à travers des obstacles (murs, cloisons, toits), à la différence de la Wifi, ce qui favorise les échanges à haut débit dans les bureaux ou les résidences.

Vlog

Un vlog (contraction de videoblog) est un blog utilisant la vidéo comme support principal de son contenu.

VOIP

La voix sur réseau IP, parfois appelée téléphonie IP ou téléphonie sur Internet, est souvent abrégée en VOIP (de l'anglais Voice Over IP). Au contraire des téléphones analogiques filaires (RTC) dépendant de centraux téléphoniques dédiés, la voix sur IP permet le transport de conversations téléphoniques sur tout réseau numérique ou analogique acceptant le protocole TCP/IP (Ethernet, RNIS, PPP...).

VTHD

Le haut débit actuel (environ 10 mégabits/seconde) va bientôt laisser la place au VTHD (vraiment très haut débit) d'une vitesse de 10 gigabits/seconde. À titre d'exemple, le VTHD permettra de télécharger sur son ordinateur une vidéo d'une durée de deux heures trente en quelques minutes seulement.

Wifi

La Wifi (également orthographiée Wi-fi, Wi-Fi ou encore wifi) est une technologie de réseau informatique sans fil mise en place pour fonctionner en réseau interne de portée comprise entre quelque dizaines et quelque centaines de mètres selon les conditions. La Wifi est devenue un moyen d'accès à haut débit à Internet. La norme IEEE 802.11 (ISO/CEI 8802-11) est un standard international décrivant les caractéristiques d'un réseau local sans fil (WLAN).

Wiki

Un wiki, inspiré de l'hawaiien *wiki wiki*, qui signifie « vite », « rapide » ou « informel », est un site Web dynamique dont tout individu peut modifier les pages à volonté. Il permet non seulement de communiquer et de diffuser des informations rapidement (ce que proposait déjà Usenet), mais de structurer cette information de manière à pouvoir se repérer et y « naviguer » plus facilement. Le wiki réalise une synthèse des forums Usenet et des FAQ dans le World Wide Web en une seule application intégrée (et hypertexte).

Wikipedia

Wikipedia est une encyclopédie en ligne libre, gratuite, universelle et multilingue, utilisant la technologie wiki et enrichie par des bénévoles. Financée et gérée par la Fondation Wikimédia, elle repose sur l'idée de connaissances en perpétuel renouvellement et en expansion, nécessitant par conséquent une mise à jour constante.

WiMax

WiMax, acronyme de World Interoperability for Microwave Access, est une initiative et un consortium : le WiMax Forum. Ce consortium a été créé en 2003 pour permettre la convergence et l'interopérabilité entre deux standards de réseaux sans fil auparavant indépendants : HiperMAN, proposé en Europe par l'ETSI (European Telecommunications Standards Institute), et 802.16, proposé par l'IEEE (Institute of Electrical and Electronics Engineers). WiMax est avant tout une famille de normes (certaines encore en chantier) définissant les connexions à haut débit par voie hertzienne. La communication par WiMax peut se faire à haut débit sur des distances allant de 30 à 50 kilomètres.

XML

XML (Extensible Markup Language ou langage de balisage extensible) est un standard du World Wide Web Consortium servant de base pour créer des langages balisés spécialisés. « Métalangage », il est suffisamment général pour que les langages reposant sur XML (ou « dialectes XML ») puissent être utilisés afin de décrire toutes sortes de données et de textes. Il s'agit donc partiellement d'un format de données. L'objectif initial de XML était de faciliter le partage de textes et d'informations structurés, par exemple sur Internet, en séparant le contenu (les données) du contenant (la présentation des données). Une grande partie de l'interface des navigateurs Firefox et Mozilla est construite avec des langages utilisant XML.

Bibliographie

AIGRAIN, Philippe, *Cause commune. L'information entre bien commun et propriété*, Fayard, « Transversales », 2005.

ALIX, François-Xavier, *Une éthique pour l'information. De Gutenberg à Internet*, L'Harmattan, 1997.

BRETON, Philippe, *L'Utopie de la communication. Le mythe du « village planétaire »*, La Découverte, 1995.

BRETON, Philippe, *Le Culte de l'Internet. Une menace pour le lien social ?*, La Découverte, 2000.

CASTELLS, Manuel, *La Société en réseaux*, t. 1 : *L'Ère de l'information*, Fayard, 1998 ; t. 2 : *Le Pouvoir de l'identité*, Fayard, 1999 ; t. 3 : *Fin de millénaire*, Fayard, 1999.

CHARTON, Eric, *Weblogs*, Campuspress, 2005.

DELACROIX, Jérôme, *Les Wikis. Espaces de l'intelligence collective*, M2 Ed, 2005.

DAWKINS, Richard, *The Selfish Gene*, Oxford University Press, 1989, trad. fr. *Le Gène égoïste*, Armand Colin, 1990.

FIEVET, Cyril, et TURRETTINI, Emily, *Blog Story*, Eyrolles, 2004.

FOGEL, Jean-François, et PATINO, Bruno, *Une presse sans Gutenberg*, Grasset, 2005.

GERSHENFELD, Neil, *FAB. The Coming Revolution on Your Desktop. From Personal Computers to Personal Fabrication*, Basic Books, 2005.

GILLMOR, Dan, *We the Media. Grassroots Journalism By the People, For the People*, O'Reilly, 2004.

GOLDFINGER, Charles, *L'Utile et le Futile. L'économie de l'immatériel*, Odile Jacob, 1994.

GUÉDON, Jean-Claude, *La Planète cyber. Internet et cyberespace*, Gallimard, 1996.

HAMMERSLEY, Ben, *Content Syndication With RSS*, O'Reilly & Associates, 2003.

KERCKHOVE, Derrick de, *L'Intelligence des réseaux*, Odile Jacob, 2000.

KAUFFER, Rémi, *L'Arme de la désinformation. Les multinationales américaines en guerre contre l'Europe*, Grasset, 1999.

KAUFMANN, Stuart, *At Home in the Universe*, Oxford University Press, 1995.

LECLERC, Gérard, *La Société de communication*, PUF, 1999.

LE MEUR, Loïc, et BEAUVAIS, Laurence, *Blog pour les pros. Communautés, fonctions avancées, publications*, Dunod, 2005.

LEVINE, John R., *Internet pour les nuls*, First Interactive, 2005.

LÉVY, Pierre, *World philosophie*, Odile Jacob, 2000.

LÉVY, Pierre, *Qu'est-ce que le virtuel ?*, La Découverte, 1995.

LÉVY, Pierre, *L'Intelligence collective. Pour une anthropologie du cyberespace*, La Découverte, 1995.

MARTINET, Bruno, et MARTI, Yves-Michel, *L'Intelligence économique. Les yeux et les oreilles de l'entreprise*, Éditions d'organisation, 1995.

MERLANT, Philippe, PASSET, René, et ROBIN, Jacques (dir.), *Sortir de l'économisme. Une alternative au capitalisme néolibéral*, Éditions de l'Atelier, 2003.

McCHESNEY, Robert W., et NICHOLS, John, *Our Media, Not Theirs. The Democratic Struggle Against Corporate Media*, Seven Stories Press, 2002.

MORAND, Jean-Claude, *RSS, blogs. Un nouvel outil pour le management*, M2 Ed, 2005.

MORIN, Edgar, *Les Stars*, Seuil, 1957 ; réédition illustrée, Galilée, 1984.

MORIN, Edgar, *Sociologie contemporaine*, Grasset, « L'Esprit du temps », 1962-1976.

NEGROPONTE, Nicolas, *L'Homme numérique*, Robert Laffont, 1995.

PERRIAULT, Jacques, *L'Accès au savoir en ligne*, Odile Jacob, 2002.

PEUGEOT, Valérie, *et al.*, *Enjeux de mots. Regards multiculturels sur les sociétés de l'information*, C&F Éditions, 2005.

QUÉAU, Philippe, *Le Virtuel. Vertus et vertiges*, Champ Vallon, 1993.

REVELLI, Carlo, *Intelligence stratégique sur Internet. Comment développer des activités de veille et d'intelligence économique sur le Web*, Dunod, 1998 ; rééd. 2000.

RHEINGOLD, Howard, *Foules intelligentes*, M2 Ed, 2005.

RIFKIN, Jeremy, *L'Âge de l'accès*, La Découverte, 2000.

ROSNAY, Joël de, *Le Macroscope*, Seuil, 1975.

ROSNAY, Joël de, *L'Homme symbiotique. Regards sur le troisième millénaire*, Seuil, 1995.

SUROWIECKI, James, *The Wisdom of Crowds*, Little, Brown, 2004.

TURKLE, Sherry, *Life on the Screen. Identity in the Age of the Internet*, Simon & Schuster, 1995.

VANDENDORPE, Christian, *Du papyrus à l'hypertexte. Essai sur les mutations du texte et de la lecture*, La Découverte, 2000.

VIRILIO, Paul, *La Vitesse de libération*, Galilée, 1995.

VIRILIO, Paul, *Cybermonde. La politique du pire. Entretien avec Philippe Petit*, Textuel, 1996.

VIVERET, Patrick, *Pourquoi ça ne va pas plus mal?*, Fayard, « Transversales », 2005.

VOLKOFF, Vladimir, *Petite Histoire de la désinformation*, Éditions du Rocher, 1998.

Les Weblogs (collectif), Knowware Eurl., 2004.

WOLTON, Dominique, *Internet et après? Une théorie critique des nouveaux médias*, Flammarion, 2000.

Liens Internet (url) par ordre d'apparition dans le texte

À noter : l'ensemble de ces liens « cliquables » sera disponible sur le site Web du livre : www.pronetariat.com

Neil Gershenfeld, chercheur au MIT et ses fab labs : http://pisani.blog.lemonde.fr/pisani/techno/ (lire en milieu de page)

Laboratoire de fabrication ou fabuleux laboratoire, au choix (en anglais) : http://fab.cba.mit.edu/

Gershenfeld dirige le Center for Bits and Atoms : http://cba.mit.edu/

Joseph Jacobson, chercheur au MIT

« Livre électronique, livre numérique » : http://www.educnet.education.fr/dossier/livrelec/papier.htm

Le projet PROXIMA : http://www.educnet.education.fr/plan/proxima24.htm

« Le papier électronique des Gutenberg de la recherche » (admiroutes) : http://www.admiroutes.asso.fr/action/theme/science/livrelec.htm

Statistiques ventes de journaux, chiffres de la presse en France (ESJ Lille) :

http://www.esj-lille.fr/article.php3?id_article=222

http://www.esj-lille.fr/article.php3?id_article=212

Ignacio Ramonet, « Médias en crise », *Le Monde diplomatique*, janvier 2005 : http://www.monde-diplomatique.fr /2005/01/RAMONET/11796

À propos du livre d'André Schiffrin, *Le Contrôle de la parole*, sur le site de Politis :

http://www.politis.fr/article1264.html

« Quand édition rime avec mercantilisme et conformisme intellectuel » :

http://www.carpediemcommunication.com/schiffrin.htm (et sur AgoraVox)

Journal *Metro* : http://www.metrofrance.com/site/home.php

Journal *20 Minutes* : http://www.20minutes.fr/

Pointblog.com : http://www.pointblog.com/

InternetActu.net : http://www.internetactu.net/

Frédérique Roussel, « Bloc-notes » *Libération* : http://www.blog-art.com/infos/blogosphere/2005/05/24/ bloc_notes_des_tendances.html

« Les jeunes Européens sacrifient la télé au Web » (Journal du Net, 7 octobre 2005) : http://www.journaldunet. com/0506/050627eiaa.shtml

Dossier Internet et les jeunes (études France/États-Unis/etc.) : http://www.journaldunet.com/dossiers/jeunes/

Dan Gillmor, Bayosphere : http://bayosphere.com/blog/ dangillmor

« Dan Gillmor et le journalisme citoyen » (Pointblog.com, août 2005) : http://www.pointblog.com/past/2005/08/ 22/dan_gillmor_et_le_journalisme_ citoyen.htm

Lettre de Liebknecht à la conférence de Zimmerwald (1915) : http://www.marxists.org/francais/liebknec/1915/zimmerw.htm

Marc Andreessen : http://fr.wikipedia.org/wiki/Marc_Andreessen
« Histoire du Web : pourquoi Mosaic fut-il si permissif ? » : http://mozinet.free.fr/art/mosaic_andreesen_930818.html
« L'aventure Apple : logiciels hypercard » : http://www.aventure-apple.com/logiciels/hypercard.html
Hypercard, définition Wikipedia : http://fr.wikipedia.org/wiki/HyperCard

Blog Story, billet de Cyril Fievet : http://www.nanoblog.com/past/2004/12/cher_oldcola.htm

Justin Hall sur Wikipedia : http://en.wikipedia.org/wiki/Justin_Hall
http://caxton.stockton.edu/BlogOnBlogs/stories/storyReader$20

Dave Winer et Scripting News : http://www.scripting.com/
Slashdot (Wikipedia) : http://fr.wikipedia.org/wiki/Slashdot

Robot Wisdom, weblog : http://www.robotwisdom.com/

Cameron Barrett et Camworld : http://www.camworld.com/
À propos de Cameron Barrett : http://www.camworld.com/about/

Peter Merholz et Peterme.com : http://www.peterme.com/
Interview de Peter Merholz : http://www.ergologique.com/actualites/actus.php?id_actu=230

SixApart : http://www.sixapart.com/
Interview de Loïc Le Meur à propos de SixApart : http://www.journaldunet.com/0407/040715ublog.shtml
À propos de Loïc Le Meur : http://lecarnet.journaldunet.com/manager/55/loic_le_meur_ublog.com/

Meetic.com : http://meetic.com/
Friendster.com : http://www.friendster.com/
Rocketboom : http://www.rocketboom.com/vlog/
John Malone : « L'ange noir des médias » (Tendances Trends.be, 10 janvier 2005) : http://www.trends.be/CMArticles/ShowRelatedArticle Fr.asp?articleID=36268&sectionID=333

Wireless Philadelphia : http://www.phila.gov/wireless/
Philadelphie dit oui au Wifi (ITR Manager, 5 octobre 2005) : http://www.itrmanager.com/44727-philadelphie,dit,wi,fi.html
Montréal et son projet « Ile sans fil » : http://www.micheldumais.com/archives/2005/05/23/des-embuches-a-lhorizon-pour-ile-sans-fil/

Nokia DMB :
http://www.generationmp3.com/index.php/2005/09/29/1548-samsung-ym-pd1-pmpdmb
http://www.mobiletv.nokia.com/
http://www.nokia.fr/

« Qualcomm : projet offensif de la TV sur mobiles en dehors des États-Unis », 21 février 2005 : http://www.eetimes.fr/printableArticle/?articleID=60402346&article_path=/ed/news
http://www.ozone.net/

Coverville : http://www.coverville.com/

Interview de Brian Ibbott (Podcast Solution, 9 mai 2005) : http://www.podcastsolutions.com/archives/2005/05/09/interview-brian-ibbott-coverville/

Statistiques ventes en ligne (publicité sur Internet) :
http://permanent.nouvelobs.com/multimédia/20050914.OBS9142.html
e-Marketer inc : http://permanent.nouvelobs.com/multimédia/20050914.OBS9142.html
Indicateur.com, publicité en ligne, baromètres et statistiques : http://www.indicateur.com/Doc/0404-pub-online-suite.asp

Charles Goldfinger, *L'Utile et le Futile*, interview : « La captation de la valeur économique, un enjeu essentiel de la société dématérialisée » : http://www.carpediemcommunication.com/goldfinger.html
Son site, Prospective 2100 : http://www.2100.org/indWhosWho/personnalites/pe_goldfinger.html

Nicholas Negroponte :
Being Digital : http://archives.obs-us.com/obs/english/books/nn/bdcont.htm
« Un portable par enfant » (AgoraVox)
http://www.agoravox.fr/article.php3?id_article=3349
http://www.carpediemcommunication.com/negroponte.htm

Jacques Perriault, *L'Accès au savoir en ligne* : http://www.iafric.net/div/ouvrages/coralie.htm

Rémi Kauffer, *L'Arme de la désinformation* : http://www.polemia.com/contenu.php?cat_id=43&iddoc=324

Vladimir Volkoff :
http://fr.wikipedia.org/wiki/Vladimir_Volkoff

http://fr.news.yahoo.com/050914/5/4l1tz.html

Serendipity : «Sérendipité, ou l'art de faire des trouvailles» : http://www.carpediemcommunication.com/txtserendip.htm

Reporters sans frontières : http://www.rsf.org/
Guide pratique du blogueur et du cyberdissident : http://www.rsf.org/rubrique.php3?id_rubrique=527

Population d'internautes (Journal du Net) : http://www.journaldunet.com/cc/01_internautes/inter_nbr_fr.shtml

InnoCentive, la première des bourses des savoirs révolutionne la R&D : http://www.eurotechnopolis.com/fr/npailleurs/npailleurs.html

«Le boom de la pub sur Internet» (*Le Point/Business Week*) : http://www.lepoint.fr/affaires/document.html?did=155351

François-Xavier Alix, *Une éthique pour l'information. De Gutenberg à Internet* :
http://www.editions-harmattan.fr/index.asp?navig=catalogue&obj=livre&no=13773

Firefox : http://www.firefox.fr/
Google Maps : http://maps.google.com/
Google Earth : http://earth.google.com/
Yahoo News : http://fr.news.yahoo.com/
My Web 2.0 blog : http://www.ysearchblog.com/myweb/
Chicagocrime : http://www.chicagocrime.org/
Florida Sexual Predator : http://www.floridasexualpredator.com/
Page Rank : http://webworkshop.net/pagerank.html
Couplage des news de la BBC avec les cartes de Google Maps : http://backstage.min.data.co.uk/news

Couplage Yahoo Maps et dépêches d'agence :
http://maps.yahoo.com/Maps/V1/AnnotatedMaps?appid=akshayjava1&xmlsrc=http://www.csee.umbc.edu:%7Eaks1/yahoonews1.xml
Utilisation de Google Maps pour désigner des lieux d'événements :
http://www.recordonline.com/archive/2005/08/03/bear.htm
http://www.lawrence.com/news/2003/jan/31/venues_revamp/

Joël de Rosnay, « Google : miroir des rêves, fantasmes et craintes des Internautes », 2003 :
http://www.cybion.fr/pages/presse/joel_google.html

Folksonomy (Wikipedia) : http://en.wikipedia.org/wiki/Folksonomy
Folk taxonomy : http://en.wikipedia.org/wiki/Folk_taxonomy
Taxonomy : http://en.wikipedia.org/wiki/Taxonomy
« Les mystères de la folksonomy » (juin 2003) :
http://www.homo-numericus.net/blog/Les-mysteres-de-la-folksonomy.html
Del.icio.us : http://del.icio.us/
Flickr : http://www.flickr.com/
Technorati : http://www.technorati.com/

Marketocracy : http://www.marketocracy.com/
G. Macke, « Comment eBay révolutionne la création d'entreprises », *Le Monde*, 4 juillet 2005 : http://www.lemonde.fr/web/article/0,1-0,36-669142,0.html

« eBay France cherche à séduire les TPE et PME » (Journal du Net) : http://www.journaldunet.com/0507/050707ebay.shtml

Richard Dawkins : http://www.denistouret.net/textes/Dawkins.html

Kevin Kelly, « We are the Web » (Wired, août 2005) : http://www.wired.com/wired/archive /13.08/tech.html

Stuart A. Kauffman : http://www.santafe.edu/sfi/People/kauffman/Patrick Viveret, « Pour une vision positive de la mondialité » (également sur AgoraVox) :
http://www.carpediemcommunication.com/viveret05.htm
http://www.freescape.eu.org/biblio/auteur.php3?id_auteur=31

Histoire d'Internet

Les grandes dates d'Internet : http://perso.wanadoo.fr/laurent.duriez/internet.htm
Historique d'Internet (HEC Montréal) : http://web.hec.ca/virtuose/index.cfm?page=167
Historique d'Internet sous forme de chronologie :
http://www.tribune-eformation.com/article-e-formation.php3?id_article=239
Historique et organisation d'Internet :
http://www.info.univ-angers.fr/pub/pn/poly/node29.html
Histoire d'Internet, l'épopée de la boussole : http://agora.qc.ca/rech_int.html
La genèse d'Internet : http://obligement.free.fr/articles/geneseinternet.php
Chronologie générale et grands noms de l'Internet (1962-1967) :
http://www.uhb.fr/urfist/serres2.htm
http://www.uhb.fr/urfist/HistInt/Chronologie1970-1979.htm
Brève histoire d'Internet : http://www.tuteurs.ens.fr/internet/histoire.html
A Little History of the World Wide Web : http://www.w3.org/History.html
Histoire de l'informatique : http://histoire.info.online.fr/net.html

Comment ça marche : http://www.commentcamarche.net/internet/internet.php3
Lexique des acteurs organisationnels et des objets techniques du processus d'émergence d'Arpanet :
http://www.uhb.fr/urfist/HistInt/LexiqueArpanet.htm
VOIP, téléphonie et Internet : http://www.journaldunet.com/dossiers/voip/

Les grands noms de l'Internet

Paul Baran : http://www.ayoweb.qc.ca/histoire/histoire.htm
Portrait : http://www.industrie-technologies.com/ingenieurs/affichage.cfm?ID_m=1684356&cd=B&id=nom
Qui a inventé le World Wide Web : http://www.observateurocde.org/news/fullstory.php/aid/503/Do%F9_vient_le_web__.html

Ray Tomlinson : http://fr.wikipedia.org/wiki/Ray_Tomlinson
Histoire de l'e-mail : http://www.arobase.org/mag/30ans-histoire.htm
Historique du courriel : http://www.cvm.qc.ca/mlaflamme/comm_e/Fidele/Courriel/historiq.html

Robert (Bob) Kahn : http://fr.wikipedia.org/wiki/Robert_Kahn
Portrait http://www.industrie-technologies.com/ingenieurs/affichage.cfm?ID_m=1684372&cd=5065&id=secteur

Vinton Cerf, le père d'Internet : http://www.webrankinfo.com/actualites/200509-vinton-cerf.htm
L'histoire d'Internet selon Vinton Cerf : http://www.fnet.fr/history/VintonCerf.html
Portrait Wikipedia : http://fr.wikipedia.org/wiki/Vinton_G._Cerf

Steve Crocker (« Internet célèbre ses 35 ans ») : http://www.silicon.fr/getarticle.asp?ID=6271
Biographie : http://www.icann.org/biog/crocker.htm

Tim Berners-Lee :
http://www.dicodunet.com/definitions/personnalites/tim-berners-lee.htm
Tim Berners-Lee, *The World Wide Web : Past, Present and Futur* : http://www.w3.org/People/Berners-Lee/1996/ppf.html
La naissance du World Wide Web : http://www.cvm.qc.ca/mlaflamme/info/WhoseWho/lee.html

Ward Cunningham : http://fr.wikipedia.org/wiki/Ward_Cunningham
Présentation : http://wiki.crao.net/index.php/Ward Cunningham
Interview sur le wiki : http://www.journaldunet.com/printer/030820cunningham.shtml

Dave Winer, XML, littérature… et mémoire : http://carnets.ixmédia.com/pilon/archives/001302.html

Dan Libby, dates essentielles : http://www.opikanoba.org/xml/040315/

Blogs
Définition et historique : http://fr.wikipedia.org/wiki/Weblog
Origine des blogs : http://www.u-blog.net/dess/article/origine.htm
Définition et conseils pratiques : http://www.pointblog.com/abc
Diverses infos sur les blogs : http://www.lesblogs.com/

Wiki

Définition Wikipedia : http://fr.wikipedia.org/wiki/Wiki

Définition site Crao Wiki : http://wiki.crao.net/index.php/D%E9finitionWiki

Comment expliquer Wiki aux débutants : http://wiki.crao.net/index.php/CommentExpliquerWikiAuxD%E9butants

La révolution wiki est en vue : http://www.journaldunet.com/0308/030811wiki.shtml

The Wiki Wiki Web : http://c2.com/cgi/wiki?WikiWikiWeb

Ward Cunningham, sur les concepts et usages d'un wiki : http://www.pointblog.com/past/2003/10/22/ward_cunningham_sur_le_concept_et_les_usages_dun_wiki.htm

RSS

Définition Wikipedia : http://fr.wikipedia.org/wiki/ReallySimpleSyndication

Définition et historique : http://www.defidoc.com/internet_intranet/RSSDefinitions.htm

Les dates essentielles : http://www.opikanoba.org/xml/040315

RSS ou la syndication de contenu : http://www.opikanoba.org/xml/030501

RSS et syndication (article) : http://www.pointblog.com/abc/rss_et_syndication_1.htm

RSS et syndication (article) : http://www.pointblog.com/abc/rss_et_syndication_2.htm

2004, l'année RSS : http://www.opikanoba.org/xml/040402

Net marketing

Communication, croissance confirmée : http://www.journalauto.com/infos/article.asp?idarticle=142

Sélection d'articles sur le marketing sur Internet : http://www.minefi.gouv.fr/minefi/ministere/documentation/revuesdeweb/epub.htm#maj

ABC du Net marketing :
http://www.abc-netmarketing.com/
http://www.abc-netmarketing.com/rubrique.php3?idrubrique=5
Forum du Net marketing : http://www.netmarketing.fr/
« Le marketing Internet : un phénomène cyclique ? » : http://www.ceriserouge.com/af16_marketing_internet_cycles.html
Le marketing en ligne enfin expliqué : http://www.marketing-internet.com/

Index

Table des matières

Achevé d'imprimer en janvier 2006
par **Bussière**
à Saint-Amand-Montrond (Cher)
pour le compte de la librairie Arthème Fayard

Cet ouvrage a été composé en Times par Palimpseste à Paris

35-57-2987-2/01

ISBN 2-213-62787-8

Dépôt légal : janvier 2006.
N° d'édition : 66198. – N° d'impression : 054803/4.

Imprimé en France